# PROJECT MODEL CANVAS

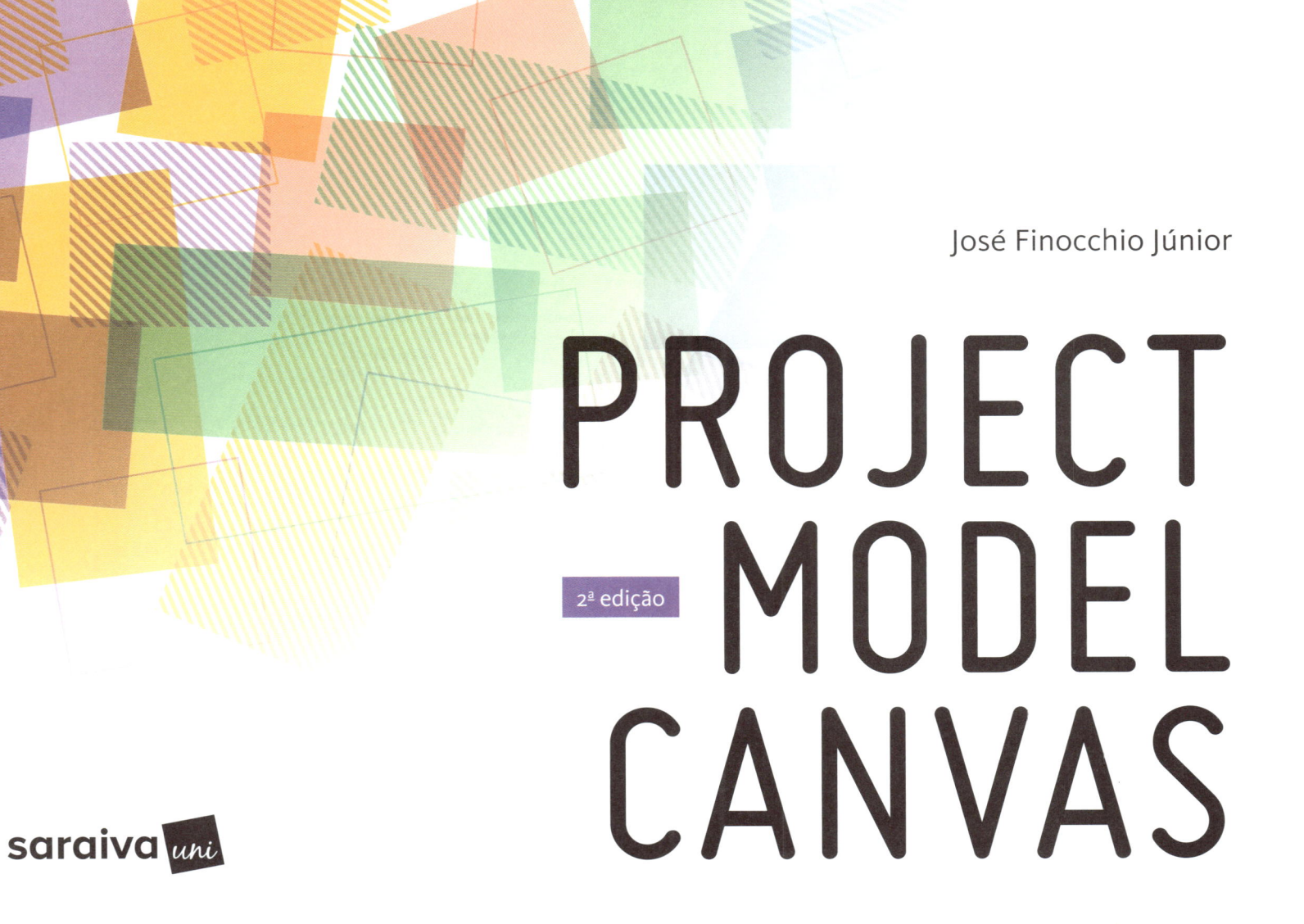

José Finocchio Júnior

# PROJECT MODEL CANVAS

2ª edição

saraiva uni

saraiva EDUCAÇÃO | saraiva uni

Av. Doutora Ruth Cardoso, 7221, 1º Andar
Pinheiros – São Paulo – SP – CEP: 05425-902

SAC | Dúvidas referentes a conteúdo editorial, material de apoio e reclamações:
**sac.sets@somoseducacao.com.br**

**Direção executiva** Flávia Alves Bravin
**Direção editorial** Renata Pascual Müller
**Gerência editorial** Rita de Cássia S. Puoço
**Coordenação editorial** Fernando Alves
**Edição** Ana Laura Valerio
Neto Bach
Thiago Fraga
**Produção editorial** Daniela Nogueira Secondo
**Serviços editoriais** Juliana Bojczuk Fermino

**Preparação** Marcela Prada Neublum
**Revisão** Queni Winters
**Diagramação e capa** Negrito Produção Editorial
**Ilustrações** Lucas Pádua
Renato Posch
**Impressão e acabamento** Bartira

**DADOS INTERNACIONAIS DE CATALOGAÇÃO NA PUBLICAÇÃO (CIP)**
**ANGÉLICA ILACQUA CRB-8/7057**

Finocchio Júnior, José
Project Model Canvas / José Finocchio Júnior. – 2. ed. – São Paulo : Saraiva Educação, 2020.
216 p. : il., color.

ISBN 978-85-7144-083-8

1. Administração de projetos 2. Projetos - Tomada de decisões 3. Projetos - Trabalho em equipe I. Título

19-2121 CDD 658.404
CDU 658.012.2

Índice para catálogo sistemático:
1. Administração de projetos



**2ª edição**



COD. OBRA 643798 CL 651850 CAE 704951

# AGRADECIMENTOS

Escrever a segunda edição de um livro de sucesso é mais difícil do que eu pensava e mais provocador do que eu imaginava. Nada disso seria possível sem o apoio de milhares de professores e instrutores que espalharam o uso do PM Canvas pelo Brasil e, em parte, pelo mundo.

Quero agradecer aos inúmeros usuários que me escreveram nos últimos oito anos, dando *feedback*, força e energia para continuar desenvolvendo essa ferramenta.

Sou eternamente grato à equipe da Saraiva Educação, aqui representada por Fernando Alves, Ana Laura Valerio e Daniela Secondo. Fizeram um excelente trabalho de revitalização do visual, melhoria da leitura e expansão do escopo do livro.

Agradeço Simon Ducroquet, que trabalhou na ilustração da primeira edição – realmente entendo o quanto foi importante seu trabalho neste livro. E a Renato Posch, pela continuidade do trabalho no acréscimo de novas ilustrações.

Por fim, nesta segunda edição incorporei a metodologia Takt de gestão da execução, cujo desenvolvimento só foi possível pelo apoio e ousadia de inovação de líderes e amigos das empresas Ambev, Toyota, Senai e Laboratórios Aché.

A todos vocês, muito obrigado!

# SOBRE O AUTOR

JOSÉ FINOCCHIO JÚNIOR é um reconhecido consultor especialista no tema gerenciamento de projetos que defende os princípios da simplicidade, da agilidade e da desburocratização.

Continua ativamente atendendo organizações líderes em seus segmentos como gerente de projeto, consultor e *coach* de gestão de projetos. Sua experiência em diferentes tipos de projetos (projetos de inovação, eventos, óleo e gás, construção civil, tecnologia da informação e desenvolvimento de produtos) ajudou-o a criar uma abordagem única: o Project Model Canvas.

Finocchio é ativista das mídias sociais e seus grupos de discussões dos temas de gestão na internet já contam com mais de 80.000 profissionais, formando uma das maiores comunidades do mundo nesse tema. É também defensor do movimento Creative Commons, que gera e compartilha conhecimento na *web* gratuitamente.

Atua como professor de gerenciamento de projetos em reconhecidas escolas de negócios, das quais recebeu diversos prêmios e reconhecimento dos alunos por abordar o tema de maneira prática e criativa.

Uma de suas mais famosas criações é o PMDOME, o *workshop* ganhador do prêmio do Project Management Institute (PMI) nos Estados Unidos. Nesse workshop, os participantes experimentam na prática os principais processos de gerenciamento de projetos. Atualmente, é um dos eventos mais concorridos na agenda de gerenciamento de projetos no Brasil.

É mestre em Engenharia pela Escola Politécnica da Universidade de São Paulo (USP) e possui diversas certificações profissionais na área de projetos.

# SUMÁRIO

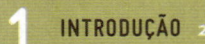

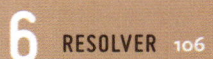

## PARTE I — GESTÃO DO PLANEJAMENTO DO PROJETO

## PARTE II — GESTÃO DA EXECUÇÃO DO PROJETO

# PARTE I

## GESTÃO DO PLANEJAMENTO DO PROJETO

# 1

## INTRODUÇÃO

AS METODOLOGIAS DE GESTÃO DE PROJETOS ATUAIS ESTÃO POUCO ADAPTADAS À REALIDADE DAS EMPRESAS E AO FUNCIONAMENTO DE NOSSA MENTE

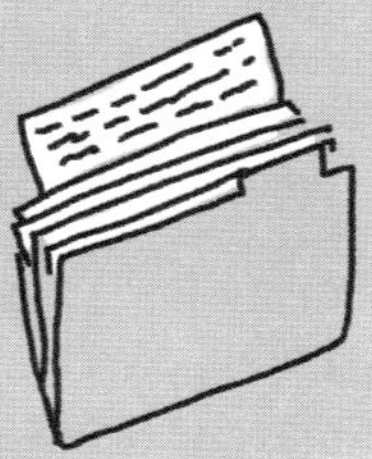

**O plano de projeto é a forma clássica de apresentar um projeto para as empresas.**

## 1.1 EM BUSCA DE UM NOVO MODELO

Enquanto gerente de projetos, consultor de grandes empresas e professor de pós-graduação, tenho experimentado diversos caminhos: sigo errando, corrigindo, observando, estudando, mas, principalmente, escutando as pessoas envolvidas em projetos nas organizações.

No intuito de compartilhar minhas aprendizagens e reflexões com outros profissionais e estudiosos da área, decidi escrever este livro — sem qualquer patrocínio —, além de criar um blog com vídeos, modelos e apresentações para serem baixadas gratuitamente na internet (www.pmcanvas.com.br).

Pretendo desafiar visões estabelecidas sobre como planejar um projeto, colocando em xeque metodologias convencionais e contribuindo para a formulação de um novo modelo que se adapte melhor à realidade das empresas e ao próprio modo de funcionamento de nossas mentes.

Entre os muitos gerentes de projetos com certificações profissionais que conheci, a maioria ainda não havia criado um plano de projeto — pelo menos, não um plano de projeto completo, da maneira que suas credenciais fariam supor.

O problema não reside nesses profissionais, nem em seu processo de aquisição de conhecimento sobre gerenciamento de projetos. O fato é que o modelo padrão de plano de projetos não está — nem nunca esteve — adaptado ao trabalho na maioria das organizações.

**O PLANO DE PROJETO**
EXTENSO,
BUROCRÁTICO E
POUCO VISUAL

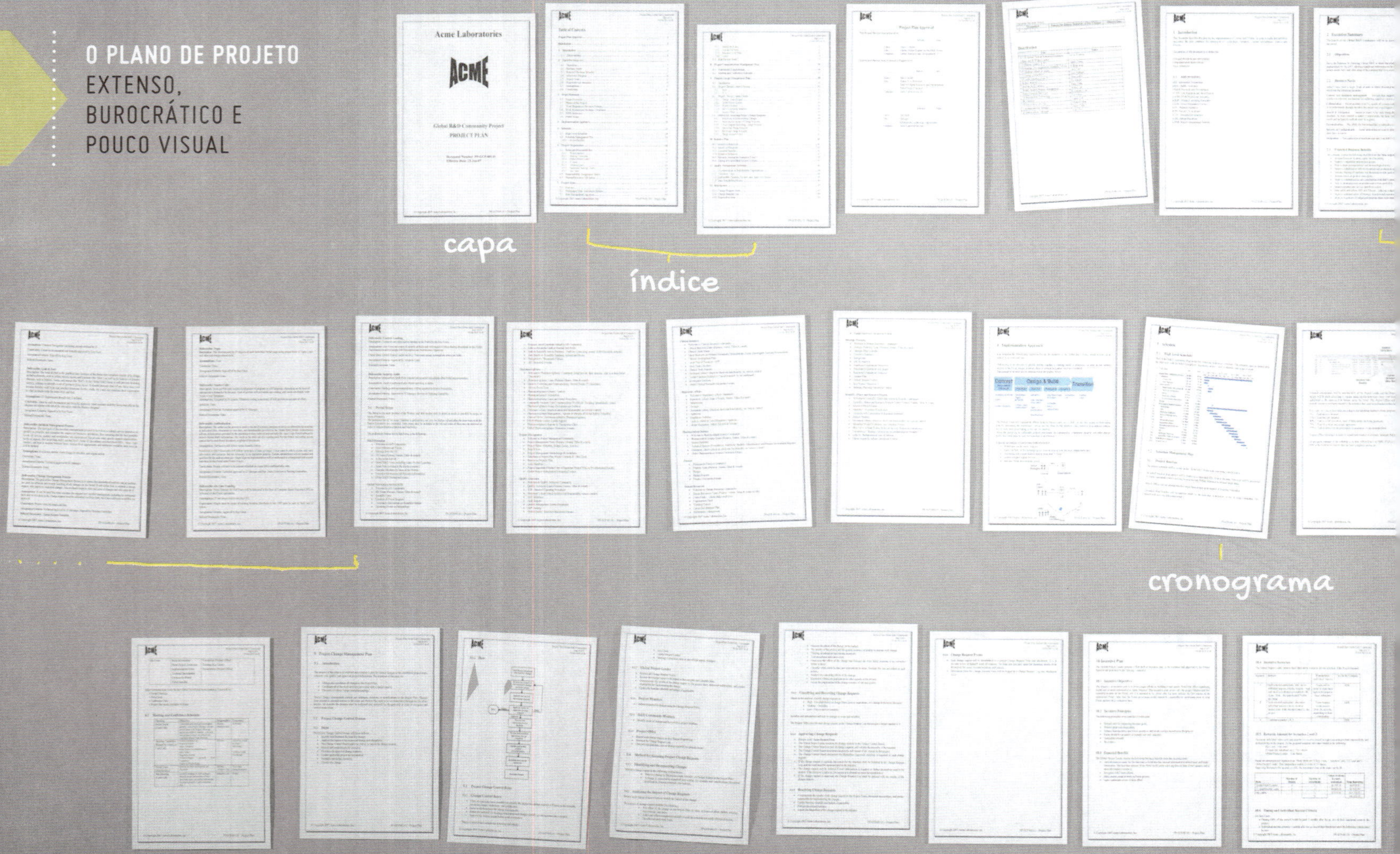

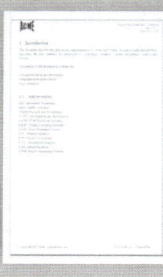

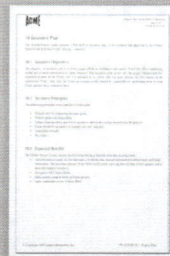

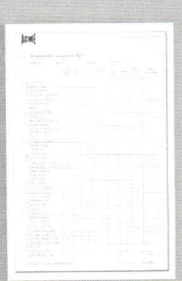

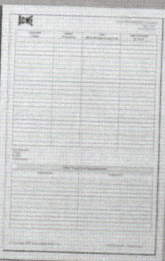

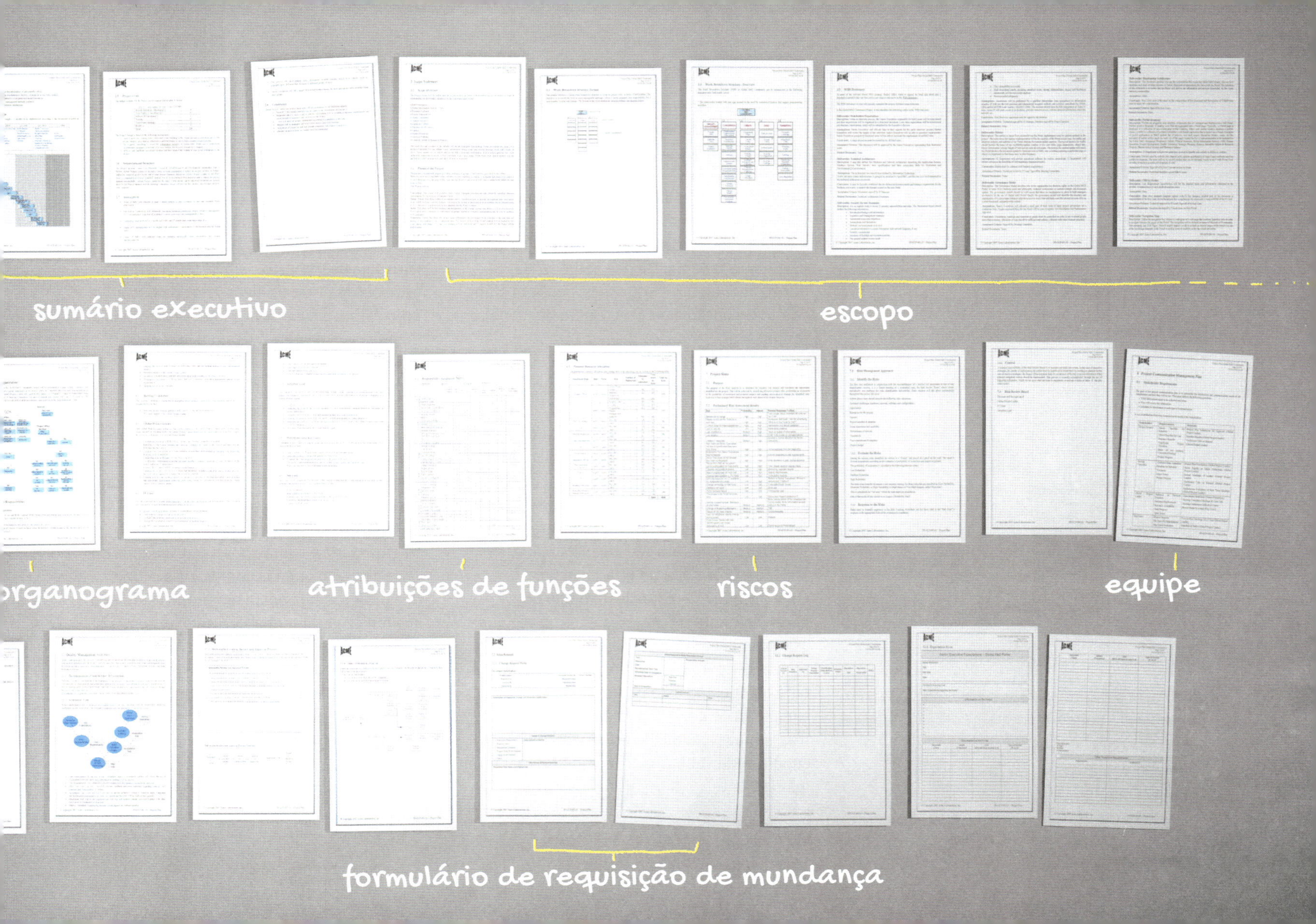
sumário executivo
escopo
rganograma
atribuições de funções
riscos
equipe
formulário de requisição de mundança

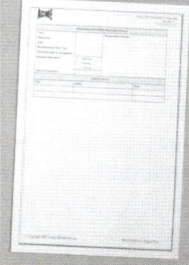

Quando elaboram planos de projetos — pois, na verdade, essa é uma prática que está longe de ser adotada pela maioria das organizações — não são poucos os gerentes que trabalham com as ferramentas tradicionais apenas para cumprir protocolo, preenchendo documentos que, em grande parte, não sabem para que servem. Há, normalmente, duas situações: nenhum plano é feito ou então ele é construído de maneira rudimentar.

Posso afirmar que a ferramenta mais utilizada no planejamento de projetos, hoje, é a planilha de cálculo Excel — nada contra o Excel, seria ótimo se fosse usado para produzir planos consistentes e não apenas para "pintar barrinhas". Porém, à medida que a eficiência da abordagem tradicional de gerenciamento de projetos recebe críticas, abordagens ágeis vêm sendo propostas em seu lugar.

Não existe nada de errado com o Guia PMBOK© — espécie de bíblia do gerenciamento de projetos —, uma vez que as informações que reúne são necessárias e relevantes para o domínio de um projeto, mas o nó da questão está na forma de aplicá-lo. Um plano de projeto padrão simplesmente não é o mais adequado ao processo de cognição do ser humano, como argumentarei mais adiante.

Um plano de projeto convencional é como um romance em prosa que desenvolve várias ideias cuja relação não é imediatamente evidente — por exemplo, dois personagens que precisam ser associados na imaginação do leitor podem estar a dezenas de páginas de distância um do outro. Embora o enredo do livro seja descoberto pelo leitor aos poucos, as relações entre os elementos da narrativa preexistem e subjazem à lógica do romance. Em outras palavras, mesmo que a prosa pareça sequencial, o relacionamento entre seus componentes é múltiplo, paralelo, simultâneo e ramificado.

De maneira análoga, o formato linear e extenso do plano de projeto convencional tem a desvantagem de seguir um fluxo único e longo. As ideias vão sendo apresentadas e interligadas com as demais de forma fragmentária — uma após a outra e uma de cada vez —, o que faz com que a maioria dos projetos seja posta em prática sem que sua lógica geral tenha sido suficientemente debatida e definida.

Como construir um plano de projeto afastado da linearidade textual, que evidencie as conexões entre as partes e seja mais fácil de elaborar e aplicar no cotidiano? Essa é a pergunta que tem me mobilizado ultimamente e que pretendo responder neste livro.

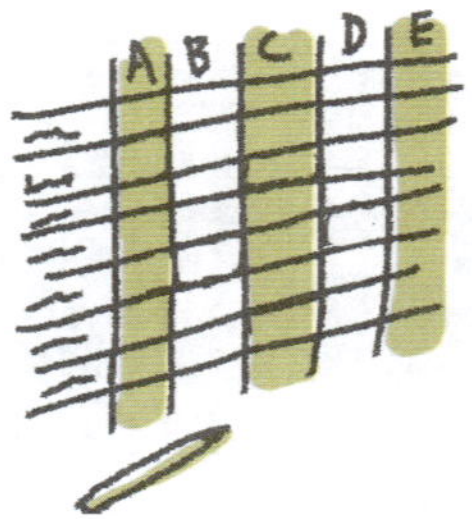


**O Excel é a ferramenta mais utilizada para planejar projetos hoje em dia.**

Antes, porém, de iniciar a apresentação do novo modelo que quero propor, o Project Model Canvas (PM Canvas), não poderia deixar de reverenciar dois nomes que foram importantes para que eu chegasse até aqui. Inspirei-me, entre outros autores, em Osterwalder e Pigneur,[1] que criaram um modelo de plano de negócios baseado no preenchimento coletivo de um *canvas* (termo em inglês que pode ser traduzido como quadro ou pano de fundo), sobre o qual vão sendo colocados pedaços de papel autocolantes. Esse procedimento encantou-me por sua simplicidade, pela possibilidade de rápida visualização e pela forma participativa, em que vários membros da equipe constroem juntos o resultado.

Apesar de ter incorporado a ideia do canvas em meu novo modelo de plano de projeto, é preciso ressaltar que, por outro lado, existem grandes diferenças entre a abordagem de Osterwalder e Pigneur e a minha. Primeiramente, enquanto a dupla discute a concepção de um novo *negócio*, meu intento é propor uma nova maneira de planejar um *projeto*. Em segundo lugar, o conteúdo do *business model* proposto pelos dois autores é totalmente diferente — lá, constam elementos como "valores da empresa" e "canais de distribuição" e não aparecem componentes fundamentais em meu caso, como "restrições" e "entregas".

A forma de preenchimento do canvas também é distinta, pois proponho um processo com quatro etapas e ordem predeterminada. Os componentes do meu canvas estão agrupados em perguntas fundamentais — o que não ocorre no método de Osterwalder e Pigneur. Proponho também um protocolo de integração que leva em conta a teoria de gerenciamento de projetos — o que tampouco está presente no caso dos outros dois autores. Por fim, combinei o método do canvas montado de modo participativo com outras ideias e conceitos que busquei, tanto na bibliografia sobre projetos como nas pesquisas recentes de neurociências.

Espero que a leitura deste material seja proveitosa para você.

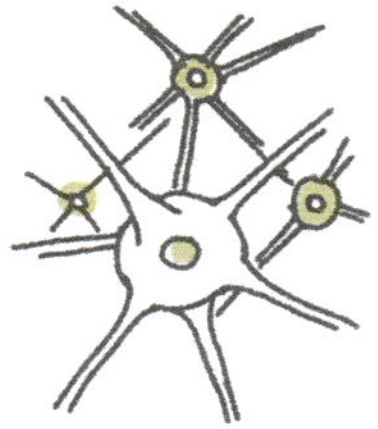

**O PM Canvas une novas tendências a pesquisas em neurociências.**

[1] OSTERWALDER, A.; PIGNEUR, Y.; CLARK, T. *Business model generation*: a handbook for visionaries, game changers, and challengers. Hoboken: Wiley, 2010.

# 2

## DA NEUROCIÊNCIA AO PLANEJAMENTO DE PROJETOS

# NOSSO CÉREBRO NÃO VÊ O MUNDO TAL QUAL UMA IMAGEM FOTOGRÁFICA, MAS CRIA UMA SÉRIE DE MODELOS MENTAIS[1]

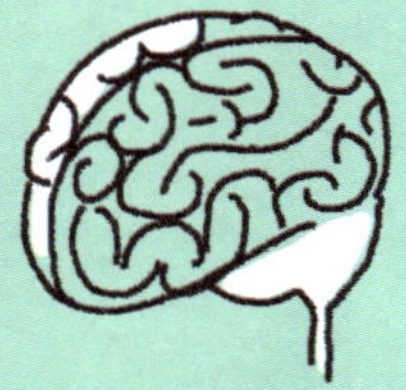

**Entender como o cérebro cria modelos mentais é essencial para elaborar um modelo de planejamento.**

## 2.1 O PLANO DE PROJETO COMO MODELO MENTAL

De acordo com Tom Wujec,[2] designer de informação e palestrante internacional, quanto melhor compreendermos o funcionamento do cérebro humano e a maneira pela qual cria sentidos e significados, mais capazes seremos de nos comunicar e de compartilhar informações.

As pesquisas têm apontado que nosso cérebro não vê o mundo "como ele é", tal qual uma imagem fotográfica detalhada, mas cria uma série de modelos mentais.[3] Qualquer processo de visualização começa quando a luz incide na retina, gerando impulsos nervosos rapidamente transmitidos para a porção posterior do cérebro. Ali fica o córtex visual primário, que identifica apenas formas geométricas simples. Em seguida, as informações são redirecionadas para outras áreas do cérebro, entre as quais uma que reconhece o que algo é, encaixando-o em categorias, dando-lhe um nome, e outra que situa o objeto no espaço em relação a outros objetos.

---

[1] WUJEC, T. *Imagine design create*. New York: Melcher Media, 2011.
[2] WUJEC, 2011.
[3] WUJEC, 2011.

## O QUE É UM MODELO MENTAL?

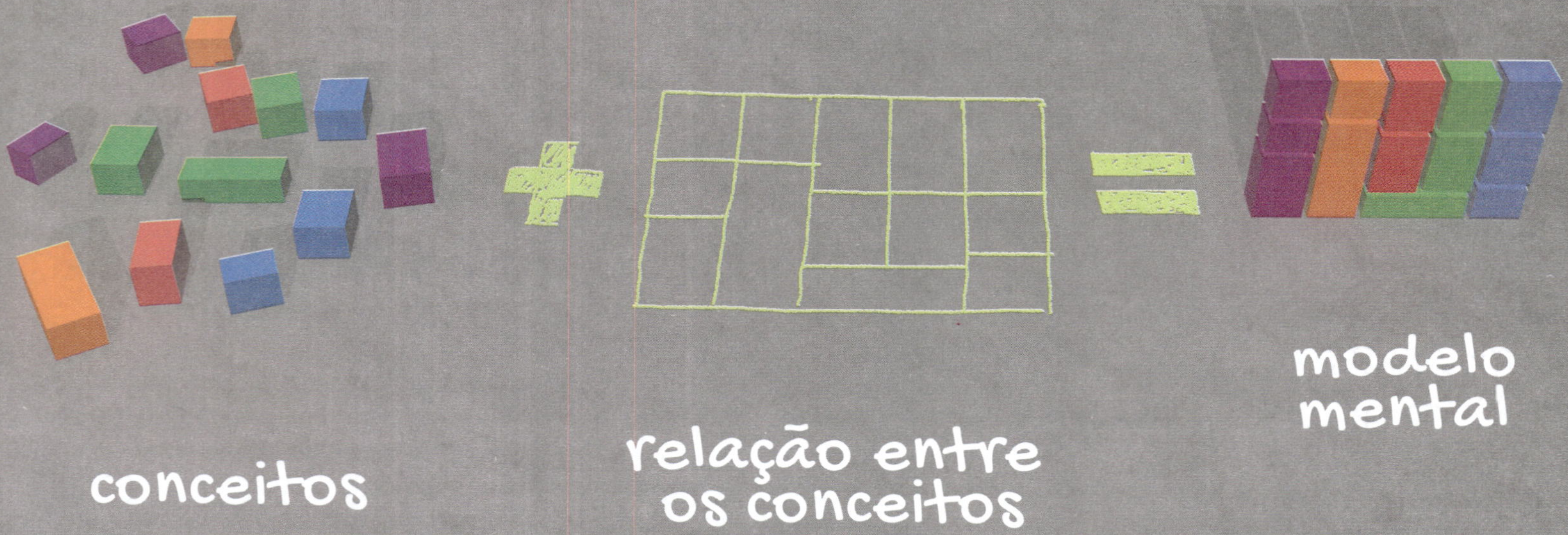

Não caberia, aqui, aprofundar detalhes neurofisiológicos — e eu nem teria competência para isso. O importante é aprender com os avanços da neurociência, procurando aplicar certas lições ao planejamento de projetos.

A primeira lição consiste em compreender que ninguém consegue ter na cabeça um projeto, mas apenas modelos de projeto. Um modelo mental do projeto é formado por **conceitos**, como recursos, *stakeholders*, entregas, riscos, e pelas **relações entre esses conceitos**. Quando estabelecemos nosso modelo mental, acreditamos ser possível realizá-lo (embora nem sempre isso se mostre verdadeiro). Com efeito, cada modelo mental de projeto representa apenas uma entre infinitas possibilidades.

O modelo mental do projeto funciona como um "boneco" simplificado, ou seja, não é a própria realidade. Olhamos o "boneco" para compreender uma parcela da realidade, nele ainda representada de forma esquemática e incompleta. Portanto, a natureza de nossos modelos mentais de projetos será sempre imprecisa, incerta e cheia de lacunas, mas a boa notícia é que modelos mentais podem ser aprimorados com debate, prática e tempo.

Modelos mentais sempre existiram, não estou inventando nada novo. O que proponho, aqui, é que tentemos explicitar os modelos mentais dos projetos de uma maneira mais rápida e que tornemos visível algo que geralmente permanece oculto.

## 2.2 LIÇÕES DA NEUROCIÊNCIA PARA O PLANEJAMENTO DE PROJETOS

Se existe algo que demanda bastante "poder computacional" de nosso cérebro é a concepção de um plano de projeto, durante a qual diversos conceitos devem ser relacionados e cada combinação deve ser pensada.

Um plano de projeto é, antes de mais nada, uma construção de hipóteses sobre um cenário futuro e desconhecido, que se torna consistente justamente pela integração entre os diversos conceitos que o compõem.

A Figura 2.1 mostra de que maneira conceitos como premissas, riscos e restrições podem, de fato, estar intimamente relacionados em um plano de projeto.

**Figura 2.1** Exemplo da relação entre os conceitos em um plano de projeto

***STAKEHOLDER* EXTERNO**
Autoridades alfandegárias do porto

→

**PREMISSAS**
Autoridades alfandegárias do porto liberarão peças em três dias úteis

→

**RISCOS**
Autoridades alfandegárias do porto podem entrar em greve e bloquear liberação de peças

→

**RESTRIÇÕES**
Peças críticas deverão ser importadas considerando três semanas extras de *lead time*

Fonte: elaborada pelo autor.

A concepção de um plano de projeto demanda, em primeiro lugar, capacidades cerebrais, como o estabelecimento de metas, a resolução de problemas, a visualização de situações não experimentadas e o pensamento criativo — todas elas associadas ao córtex pré-frontal, que ataca de maneira sequencial os problemas racionais.

No entanto, uma quantidade reduzida de informações pode ser mantida na "memória de trabalho" do córtex pré-frontal. Seu "poder computacional" é limitado em comparação às demais regiões do cérebro, como o córtex visual, responsável por processar imagens.

Além disso, o córtex pré-frontal é um grande consumidor de glicose — energia que se exaure rapidamente —, de maneira que, em apenas uma fração da jornada de trabalho, esse recurso terá sido utilizado até o limite, principalmente no intrincado planejamento de todas as variáveis de um projeto.

As emoções e os instintos também contribuem de maneira significativa nesse processo, como mostra a Figura 2.2.

Nosso sistema límbico, que cuida da parte emocional, é um especialista em sobrevivência e, rapidamente, classifica tudo como "ameaça" ou "recompensa". Quando classificamos algo desconhecido como "ameaça", nosso cérebro, desde os tempos mais primitivos, oferece duas opções: correr ou lutar. Porém, nenhuma delas é favorável ao sucesso de um projeto.

**Figura 2.2** Reações do sistema nervoso

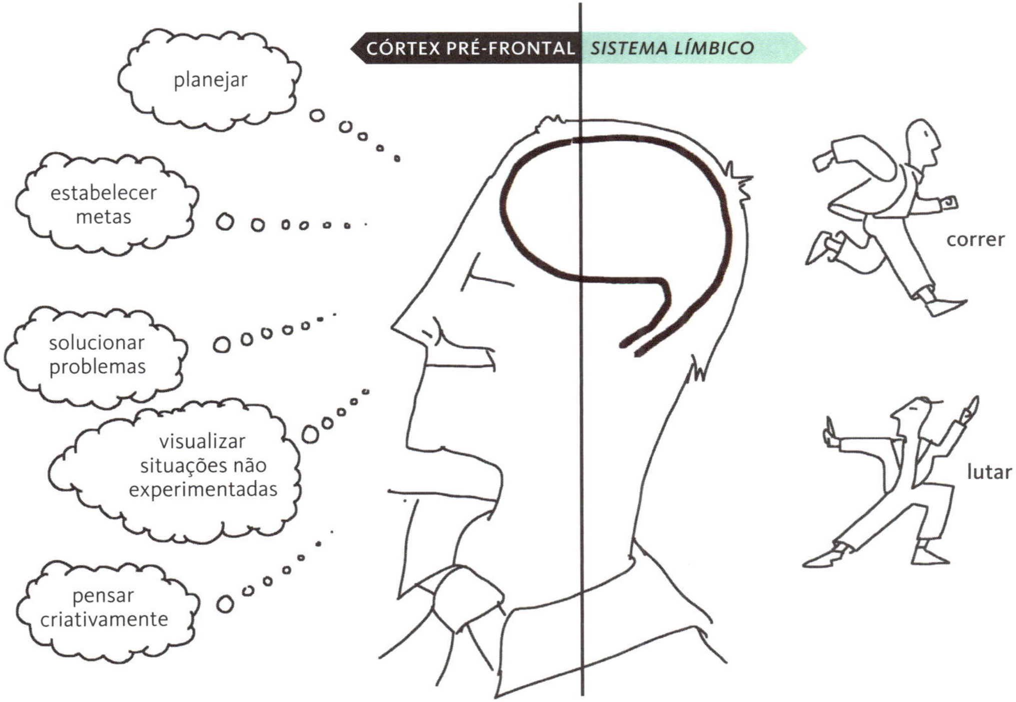


Fonte: elaborada pelo autor.

Segundo David Rock, quando não dispomos de informação suficiente para classificar determinada situação como “ameaça” ou “recompensa”, inconscientemente a consideramos como “ameaça” — e é exatamente o que pode ocorrer quando uma pessoa que mal conhecemos é introduzida na equipe.

Existe algo mais ameaçador do que um forasteiro querendo mudar nossa maneira de trabalhar, deixando-nos sem autonomia sobre as decisões a respeito de um futuro marcado por incertezas? Pois bem, o nome dado a esse forasteiro muitas vezes é gerente de projeto... Afinal, é comum o gerente do projeto ser de um departamento diferente dos demais colaboradores (subordinados a outros chefes), chamados para fazer parte da equipe. É frequente, também, que um profissional recém-contratado na organização tenha a missão de implantar um projeto.

Uma vez tendo exposto brevemente as características e limitações do cérebro, a questão que se coloca é: O que devemos inserir, adaptar ou suprimir em uma metodologia de planejamento de projetos, para que ela se desenvolva de forma harmônica com o nosso próprio funcionamento cerebral? Veja as proposições na seção *Dicas do especialista*.

DICAS do ESPECIALISTA

## Facilite para seu cérebro

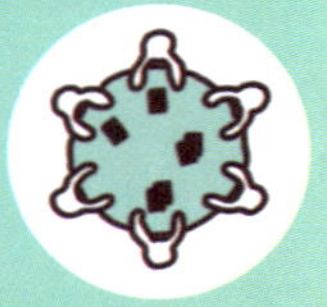

### PREPARAR

Estimular um ambiente positivo e acolhedor. Pedir, no início, para que todos da equipe se apresentem e resumam sua trajetória e/ou indiquem por que estão ali. Convencionar como serão resolvidos conflitos e dúvidas ao longo do processo.

### FOCAR

Conduzir sessões de planejamento mais curtas, aproveitando o pico de desempenho do córtex pré-frontal e evitando exauri-lo.

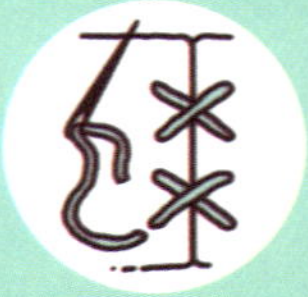

### INTEGRAR

Integrar conceitos dois a dois, a fim de reduzir o esforço de processamento.

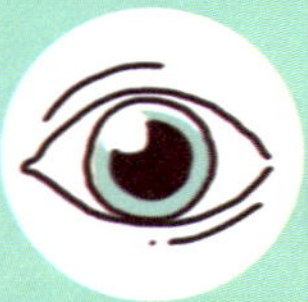

### VISUALIZAR

Explorar melhor o pensamento visual, um dos mais poderosos e evoluídos no cérebro humano.

### RELACIONAR

Manter todos os conceitos necessários ao plano no mesmo desenho, permitindo que sejam imediatamente relacionados entre si.

### ORDENAR

Responder às questões sequencialmente, na ordem correta, evitando sobrecarregar a memória de trabalho.

### PARTICIPAR

Dar autonomia aos *stakeholders*, para que participem do plano de maneira ativa, desarmando a postura defensiva característica de quem se sente ameaçado.

### AGRUPAR

Agrupar conceitos de maneira a diminuir o número de itens processados de uma única vez.

### ATENTAR

Manter nível máximo de atenção dos *stakeholders* no problema (ao menos durante determinado intervalo de tempo).

## 2.3 PLANEJAMENTO COLABORATIVO DE PROJETOS

Durante todos esses anos, acompanhei diversas equipes construindo seus planos de maneira visual e colaborativa. Muitas vezes, ousei e insisti para que pessoas de diferentes áreas que nunca trabalharam juntas compusessem a equipe de projetos. Em minha opinião, novas experiências e diferentes tipos de inteligência transformam a equipe em um ser hiperinteligente, com QI duas ou três vezes maior que o QI particular dos indivíduos, resultado da união da equipe, um ser polímata que conhece temas distintos e muitas ciências.

Faço sempre uma brincadeira com os participantes dos meus workshops de planejamento colaborativo: peço para todos, simultaneamente, fazerem o grito de guerra "hiperinteligência, ativar!" ("hiperinteligência" se faz com o braço recolhido e o punho cerrado e o "ativar" é feito com os braços esticados para cima — sim, me inspirei em um desenho dos anos 1980).

O planejamento colaborativo de projetos é uma maneira de elaborar um plano de projeto em equipe, em sessões de participação simultânea, seguindo uma agenda estruturada de debates. Cada *stakeholder* coloca sua opinião e comenta sobre as demais opiniões apresentadas — todas registradas em uma área comum de trabalho, visível e acessível para modificação de todos.

O planejamento colaborativo demanda um protocolo de integração que informa como as diversas intervenções dos *stakeholders* se conectam e são consistentes, dando maior confiança ao plano, economizando horas de reuniões futuras e criando um entendimento comum e um senso de propriedade sobre o trabalho a ser feito, como mostra a Figura 2.3.

**Hiperinteligência, ativar!**

**Figura 2.3** Planejamento colaborativo de projetos

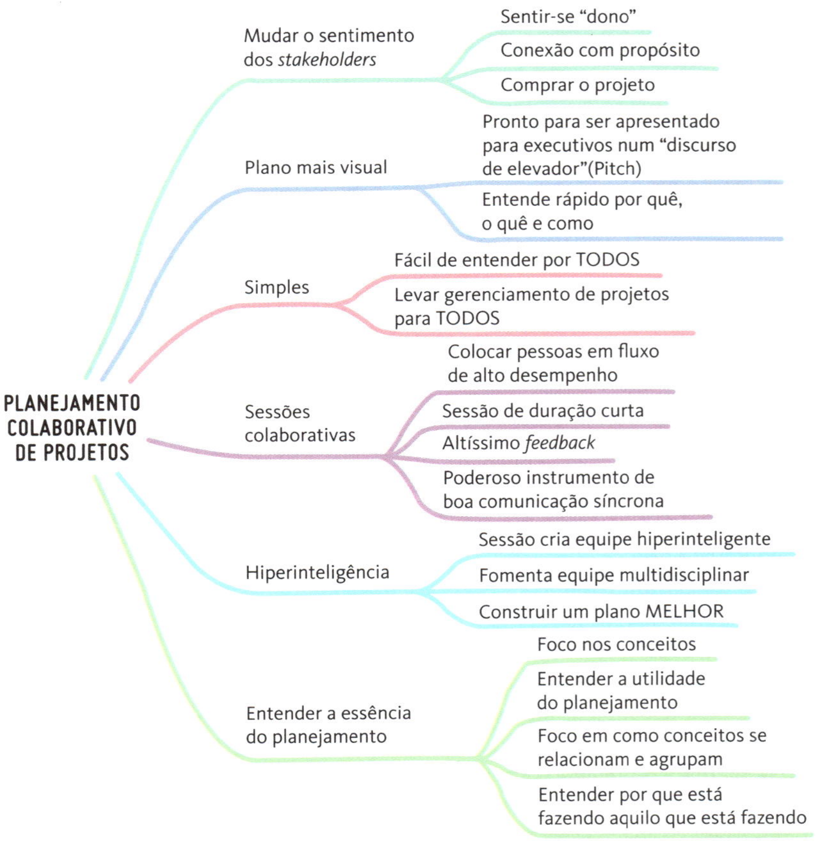


Fonte: elaborada pelo autor.

Em vez de te convencer sobre o benefício de aplicar o planejamento colaborativo, vou descrever como seria o fluxo de trabalho aplicando uma abordagem convencional. Primeiro, uma pessoa é nomeada como responsável principal pelo planejamento. Então, consultando diversas pessoas, desenvolve um plano. Ao concluí-lo, o responsável agenda uma reunião para apresentá-lo aos *stakeholders*, usando como ferramenta o PowerPoint, por exemplo. O sucesso do entendimento do plano e a adoção das propostas por parte dos *stakeholders* fica à mercê da atenção dada a essa apresentação — o que depende de inúmeros fatores. Seguindo pela abordagem tradicional, na prática, a validação do plano por todos se dá quando o projeto está no final — embora, atualmente, o ambiente de mudança constante demande que a validação do plano seja feita muito antes disso, como propõe o processo de planejamento colaborativo discutido a seguir.

PRIORIZAR A LÓGICA E PENSAR EM CONJUNTO

## 2.4 PROJECT MODEL CANVAS (PM CANVAS)

Levando em consideração o que foi exposto nas páginas anteriores, apresentarei, a partir de agora, o PM Canvas, utilizando conhecimentos da neurociência aliados às minhas próprias observações da realidade cotidiana do trabalho com projetos. A proposta consiste em uma maneira mais amigável de conceber um plano de projeto que traz rapidamente à tona nosso modelo mental.

O primeiro ponto, bastante prático, mostra que a confecção do PM Canvas não demanda nada que alguém não possua à mão em um escritório: pequenos papéis adesivos, conhecidos como post-its, e folhas para flip chart (formato A1).

A folha no formato A1, segmentada em 13 blocos, será usada como uma tela de fundo (canvas), ou seja, trata-se de um espaço inicialmente vazio, preenchido à medida que colocamos sobre ele nossos conceitos sobre o projeto, relacionando-os entre si. O canvas deve ter o tamanho suficiente para um pequeno grupo de pessoas colaborar ao seu redor, e, diferentemente de um template de plano de projeto, deve funcionar como uma "agenda" sobre a qual os *stakeholders* se debruçam para conceber a lógica do projeto.

O PM Canvas representa somente o essencial, podendo ser usado de duas maneiras diferentes:

1. como documento único e consistente do planejamento do projeto, imediatamente seguido pela execução;
2. como ferramenta preliminar que conformará a lógica do projeto, servindo de base para a transcrição posterior a um plano de projeto representado de modo formal.

Podemos, por opção, abrir mão do formalismo, mas não podemos fazer o mesmo com a lógica.

Em primeiro lugar, é importante esclarecer que o canvas não é um fluxograma do projeto, uma vez que um fluxograma mostra uma sequência de passos, enquanto o canvas tem como foco as **relações entre os conceitos**. Em segundo lugar, trata-se de algo bem diferente de um plano convencional, porque é feito em equipe e de modo ágil.

Hoje, estimulados pelas novas tecnologias, tendemos a pensar juntos e em rede. A evolução das redes sociais nos ensinou também que, com apenas 140 caracteres, é possível transmitir o essencial. O novo plano de projeto — curto, essencial e pragmático — está, portanto, em sintonia com a contemporaneidade.

Os post-its oferecem, por si só, uma clara restrição à quantidade do que podemos escrever. Isso é ótimo: se não existe espaço para escrever muito, temos de escrever melhor. Ainda mais limitado que a superfície dos post-its é o precioso tempo dos *stakeholders* — eles agradecerão sua concisão.

Vale observar que não existe um número, nem um tamanho, obrigatório para os post-its. O ideal é comunicar o necessário escrevendo o mínimo possível, pois assim será mais fácil relacionar visualmente os elementos no canvas.

Em alguns capítulos deste livro oferecemos algumas sugestões, mas você tem liberdade para segui-las **ou não** — pode ser que, em um plano de projeto, seja necessário usar três papéis autocolantes grandes para o objetivo, ao passo que, em outro, é possível resumi-lo em um único post-it de tamanho médio.

Para simplificar minha exposição, e não engessar demais a metodologia, não me refiro aqui à coloração dos post-its, mas quero deixar claro que essa é uma possibilidade muito interessante que a equipe de planejamento de projeto pode optar por explorar, atribuindo cores diferentes a conteúdos diferentes, a graus de prioridade diferentes e assim por diante.

A seção *Dicas do especialista*, a seguir, apresenta as quatro etapas de construção do canvas.

DICAS do ESPECIALISTA

## As quatro etapas de construção do canvas

### CONCEBER

Nessa etapa, são respondidas seis perguntas fundamentais: Por quê? O quê? Quem? Como? Quando? Quanto? Daí resulta uma sequência com ordem específica.

### INTEGRAR

Em um segundo momento, garante-se a consistência entre os blocos e estabelece-se a integração entre os componentes.

### RESOLVER

É preciso identificar os pontos em que a montagem do canvas "travou", devido a indefinições, falta de informação ou contradições. Esses problemas devem ser levados como "lição de casa".

### COMUNICAR/COMPARTILHAR

No final do processo, o canvas servirá como base para gerar outros documentos, sejam apresentações, cronogramas, orçamentos ou até mesmo outros planos de projeto.

## 2.5 A EQUIPE QUE VAI CONSTRUIR O PROJETO

Não existem papéis predefinidos no PM Canvas, apenas duas regras básicas:

1. deve ser feito preferencialmente em equipe;
2. pelo menos uma das pessoas presentes deve ter conhecimento sobre os conceitos básicos envolvidos no gerenciamento de projetos e sobre como se relacionam entre si.

Os temas tratados no PM Canvas não fogem dos tradicionais, abordados em qualquer curso de gerenciamento de projetos, e todos os conceitos necessários estão explicados de maneira simples neste livro.

Há muitas configurações possíveis para a equipe-tarefa, capazes de produzir bons resultados. O ideal é misturar pessoas que conhecem muito do negócio com pessoas que não o conhecem; colocar lado a lado indivíduos que dominam gerenciamento de projetos e outros que não dominam. Um exemplo básico seria uma equipe formada por três pessoas com perfis distintos, como mostra a Figura 2.4.

De qualquer maneira, configurações mistas entre experientes e novatos são sempre as melhores. Os mais experientes trarão o conhecimento do trabalho a ser feito e o domínio sobre os riscos e cenários possíveis, mas os novatos carregam a ousadia de não se deter diante de normas e costumes, sintetizada na bela frase do cineasta francês Jean Cocteau: “Não sabendo que era impossível, foi lá e fez”.

**Figura 2.4** Modelo ideal de equipe

Fonte: elaborada pelo autor.

## FAZENDO SEU PRÓPRIO CANVAS

### Desenhando o canvas à mão

1. Desenhe quatro linhas na vertical e duas na horizontal

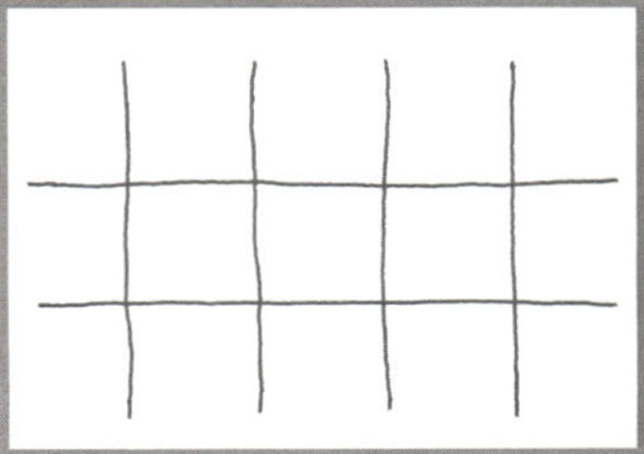

2. Elimine os traços indicados

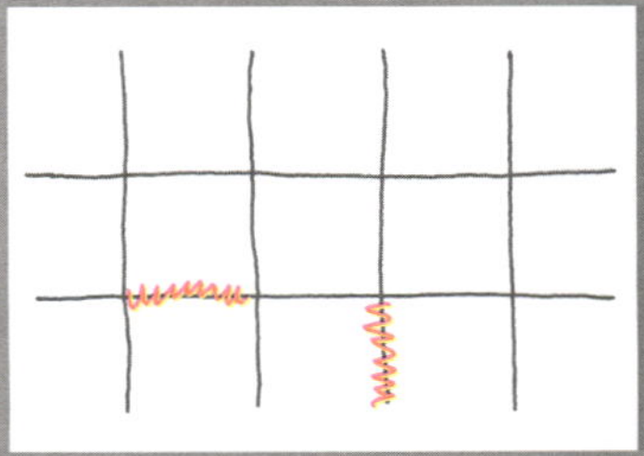

3. Escreva os títulos de cada quadro

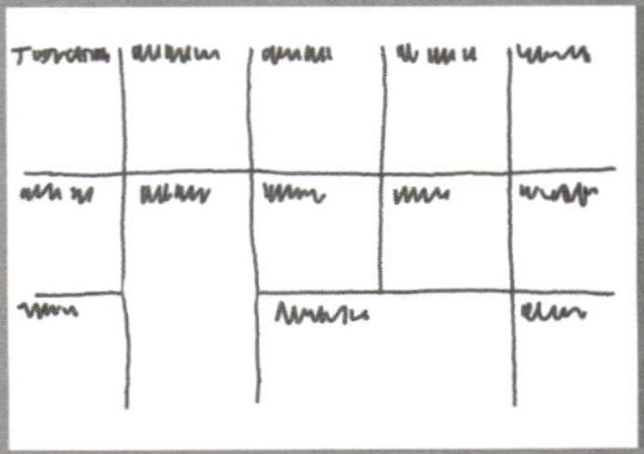

Um canvas feito em impressora plotter*

GP é o Gerente de Projeto

Pitch é uma frase que resume a essência do projeto

Toda a informação é colocada com post-its

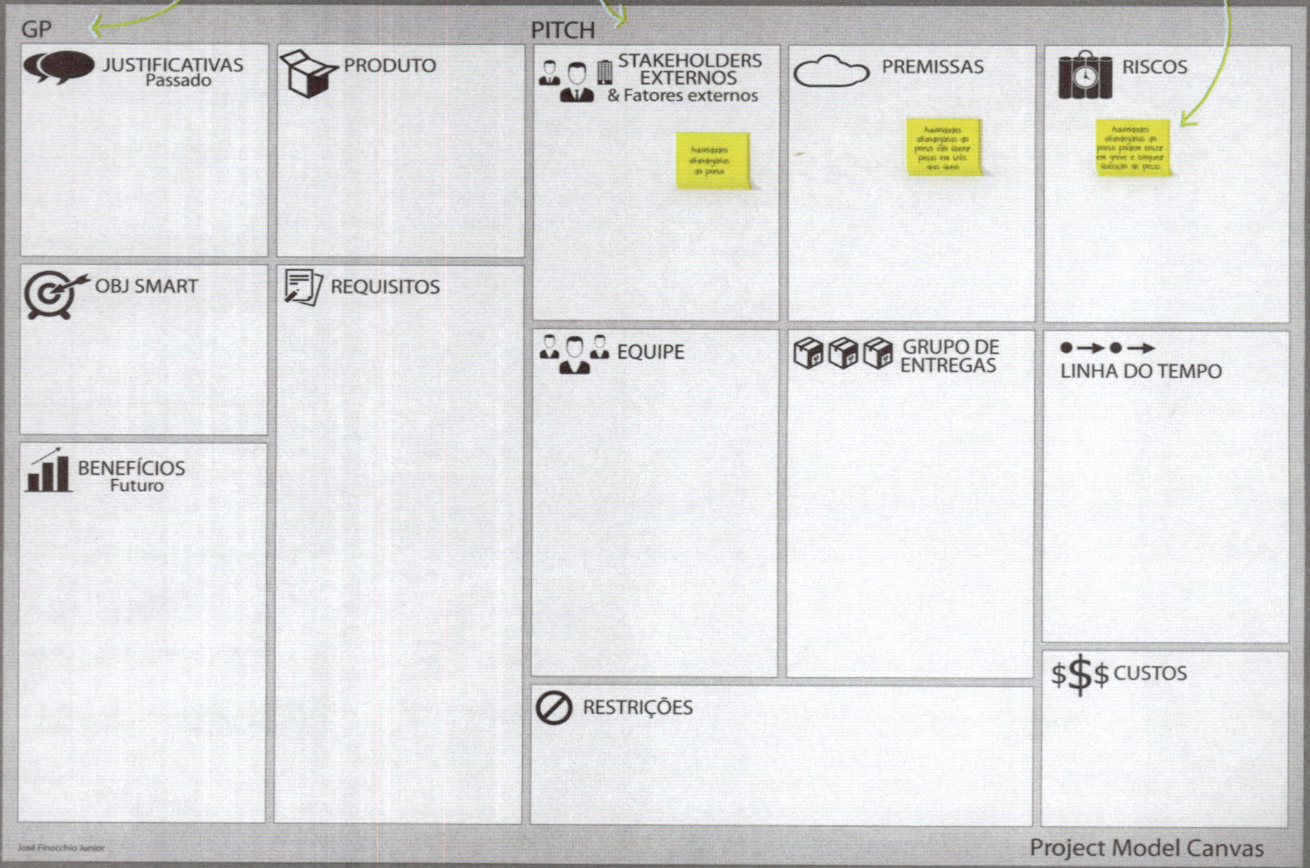


*baixe o arquivo em PDF no site www.pmcanvas.com.br

GP
PITCH
JUSTIFICATIVAS
Passado
PRODUTO
STAKEHOLDERS
EXTERNOS
& Fatores externos
PREMISSAS
RISCOS
OBJ SMART
REQUISITOS
QUIPE
GRUPO DE
ENTREGAS
BENEFÍCIOS
Futuro
IÇÕES

# 3

## CAMPOS DA JORNADA DO PROJETO

## 3.1 PCUV, A JORNADA DE UM PROJETO

Para compreender o conceito de projeto, é preciso entender sua jornada. Vista também como a cadeia de valor de um projeto, engloba desde o nascimento, formação e crescimento do projeto, até seu apogeu e fim, após o qual continua gerando valor por meio da utilização de seu produto.

Os projetos surgem no início dessa cadeia na forma de problemas a serem resolvidos e seguem o fluxo até o momento em que geram valor para organizações que o promoveram. Mais especificamente, a jornada atravessa quatro grandes campos, nessa sequência:

1. O campo dos problemas.
2. O campo da construção.
3. O campo do uso.
4. O campo do valor.

Por esse motivo, batizei a jornada com o nome PCUV, composto das iniciais dos quatro campos, como mostra a Figura 3.1. Qualquer desvio ao longo desse fluxo impede o projeto de chegar ao campo final e, de certa forma, altera sua natureza.

**Figura 3.1** PCUV

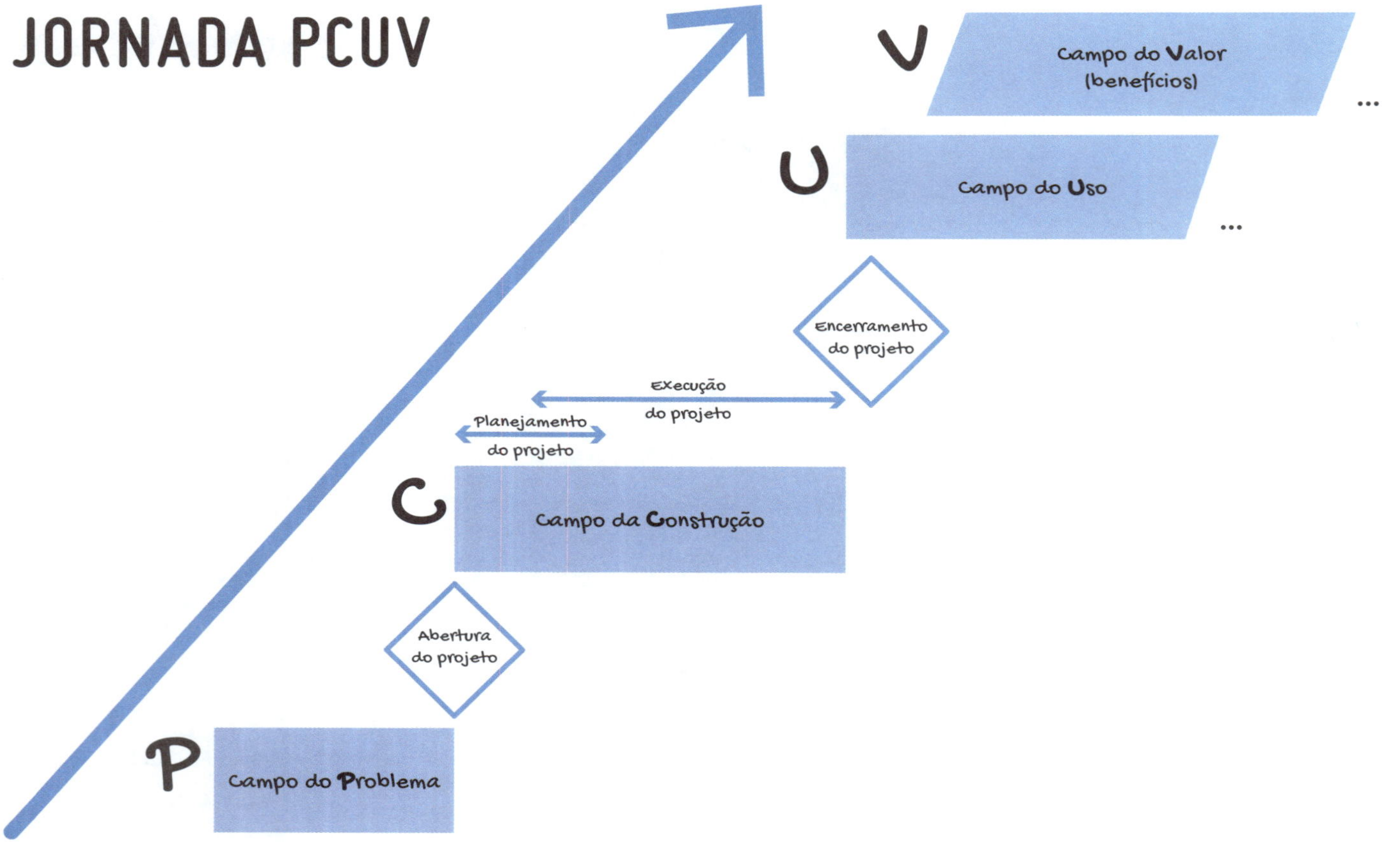


Fonte: elaborada pelo autor.

A essência do risco é a incerteza de que o projeto vai percorrer a jornada PCUV conforme planejado, sem perdas ou interrupções.

Pensando positivamente, dada a importância de chegar ao final no campo do valor, podemos escrever PCUV como uma fórmula:

P + C + U = V

| P | + | C | + | U | = | V |
|---|---|---|---|---|---|---|
| Campo do **PROBLEMA** | | Campo da **CONSTRUÇÃO** | | Campo do **USO** | | Campo do **VALOR** |

Para compreender na prática o que acontece em cada um desses campos, elaborei o diagrama da página seguinte — invista algum tempo para analisá-lo e tire suas próprias conclusões.

Aperte seu cinto e segure-se na cadeira: vamos sobrevoar os campos dessa jornada.

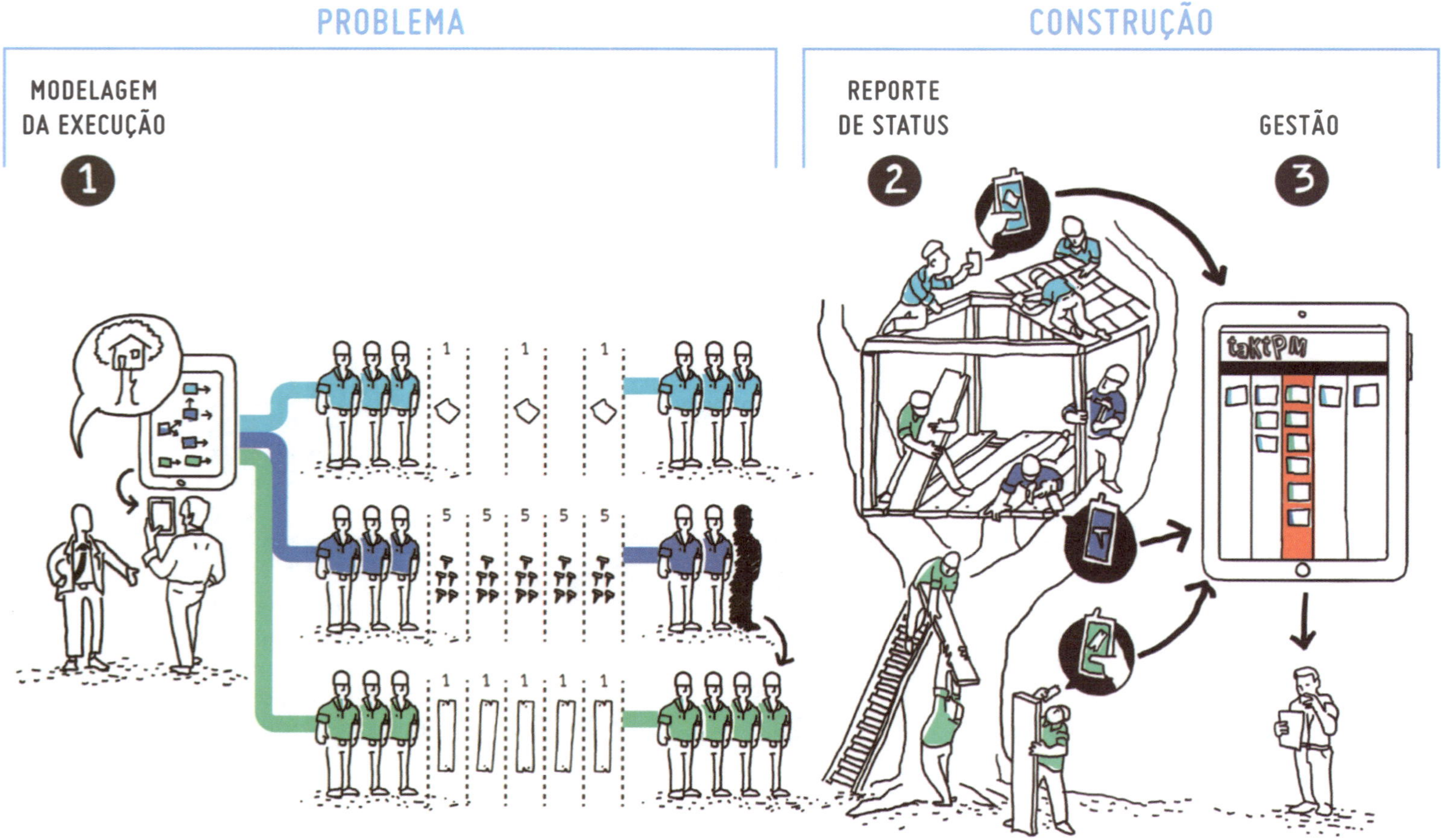

USO
VALOR

### 3.1.1 O campo do problema

No campo do **problema**, uma vez que existe desconforto com o estado das coisas, as pessoas olham para a realidade e tentam dar forma aos seus problemas. Para tanto, precisam entender muito bem o que está acontecendo, ter pensamento crítico e se questionar continuamente até chegar ao cerne da questão.

Quando o problema for compreendido, será preciso escrevê-lo de modo sintético, facilmente comunicável em uma única sentença-problema, evitando a tentação de já redigi-la com uma solução em mente. Defina o problema de forma pura, para somente depois formular possíveis soluções.

**A sentença--problema não menciona a solução**

Quando estivermos maduros para rascunhar alguma solução para o problema, será o momento de elaborar projetos, que são nada mais que implementações dessas soluções. A solução será, então, materializada no produto final entregue pelo projeto.

O patrocinador é a personalidade mais importante no campo do problema: ele é quem autoriza que a organização gaste seus recursos para fazer o projeto acontecer. Para isso, a equipe precisa defender racionalmente a ideia, mostrando que o valor que ele está alocando vai voltar na forma de mais valor — muitas pessoas chamam essa defesa de *business case*.[1]

A formalização do projeto pelo patrocinador, ao autorizar oficialmente que a organização invista recursos na construção do produto do projeto, marca a saída do campo do problema para entrar no campo da construção.

[1] Algumas organizações chegam a usar a agenda e a sequência do PM Canvas como lógica do *business case* — solução que considero válida, pois o PM Canvas é rápido, envolve *stakeholders*, não é burocrático e pode ser feito também em um nível alto de abstração.

### 3.1.2 O campo da construção

No campo da **construção**, uma equipe vai, aos poucos, construindo componentes do produto, ou seja, entregas intermediárias integradas que compõem o produto final. Normalmente são realizadas por líderes técnicos e membros da equipe de projetos, que sabem decompor o produto final em entregas intermediárias menores e mais gerenciáveis.

É bastante comum que parte ou o todo da construção das entregas do projeto sejam passados para empresas contratadas que podem e devem ser consideradas membros da equipe. Gosto de enxergar um projeto como uma equipe unificada, mesmo que existam muitas organizações diferentes a cargo de cada entrega.

Independentemente se fazem parte da mesma organização, os membros da equipe de projeto mantêm uma relação cliente-fornecedor entre si, isto é, as entregas produzidas por um membro da equipe serão utilizadas como entrada para que outro membro da equipe consiga produzir sua entrega, continuando o ciclo até que o produto final do projeto seja concluído.

Visualize o *workflow* de construção como uma corrida de revezamento. Quando o projeto terminar e seu produto for lançado, ele também será usado na forma de *workflow*, só que, desta vez, por uma outra "tribo", durante o ciclo de uso do produto. A desafiadora colaboração dessas duas tribos desponta como uma tendência emergente do gerenciamento de projetos.

Normalmente, há um critério claro de aceitação que determina a qualidade das entregas intermediárias construídas e transacionada entre os membros da equipe. Muitas vezes, precisam ser inspecionadas e testadas — não raro, existe retrabalho e devoluções entre os membros da equipe, principalmente quando há uma variabilidade comum na natureza do trabalho.

A equipe é como uma orquestra: precisa de um maestro que coordene, sincronize e integre a construção do projeto. Esse personagem é chamado por muitos títulos, mas o mais comum é gerente de projeto. É desejável que esse profissional tenha controle sobre o trabalho realizado no projeto — controle no sentido positivo da palavra, ou seja, que, se necessário, consiga intervir e mudar de maneira previsível o *workflow* de construção — e se integre à equipe, uma vez que ele também é um membro, já que passa a maior parte de seu tempo no campo da construção.

Como estamos preocupados em enxergar a cadeia PCUV como um todo, representaremos o fluxo de construção em um alto grau de abstração.

A equipe de projeto não está isolada do resto do mundo — normalmente compartilha ambiente, infraestrutura e condições com outras pessoas e organizações fora da equipe de projetos, que podem, no máximo, ser monitorizadas, mas nunca controladas pelo projeto nem pelo gerente de projetos. Chamo esse grupo de pessoas e organizações de ***stakeholders* externos ao projeto**.

Para que a equipe de projeto realize as entregas conforme planejado, esperamos determinados subsídios, *inputs* ou comportamentos dos *stakeholders* externos que devem ser registrados na forma de premissas.

O projeto encerra-se quando finalmente gera um produto aceito pelo cliente. Esse marco é especial, significando o encerramento do projeto e o início da vida do produto na operação. Nesse ponto da jornada PCUV, encerra-se o campo da construção e inicia-se o campo do uso.

**Durante o projeto a equipe constrói entregas**

**O fluxo da construção funciona melhor sem filas de espera**

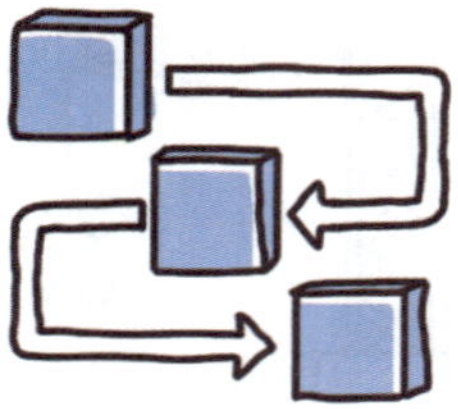

O uso é entendido melhor como fluxo

### 3.1.3 O campo do uso

No campo do **uso**, o produto do projeto já está pronto e será utilizado para realizar funções que agregam valor aos usuários.

Esse é um campo relevante na jornada do projeto, pois é pelo entendimento da utilização que definimos e organizamos os requisitos do produto — com certeza, o item de planejamento mais desafiador —, compostos das diversas funções presentes no produto que agregam valor no processo de negócio do cliente.

O uso do produto pode e deve ser visto no formato de fluxo — nesse caso, um processo do negócio. Organizar requisitos pela cadeia de valor dos usuários facilita o desafio.

Os requisitos precisam ser definidos antes da construção do produto. Na prática, isso quer dizer que, quando escrevemos os requisitos, temos de **imaginar** como será seu uso, estabelecendo um bom diálogo com todas as pessoas ligadas à utilização do produto.

Existem práticas que facilitam essa conversa, como a elaboração de protótipos e a diminuição do tamanho dos produtos para que o ciclo de *feedback* na jornada PCUV aconteça com mais facilidade.

Bons diálogos com usuários do produto resultam em melhores requisitos.

Não existe uma transição definida entre o uso e o campo de valor. Sabe-se apenas que o uso precede o valor, mas a distância que os separa no tempo depende de cada caso, uma vez que o fluxo entre os dois é contínuo e não marcado por eventos específicos.

### 3.1.4 O campo do valor

O que é o campo do valor? Nos meses e anos subsequentes à sua implantação, o produto passa a transformar positivamente a vida das partes interessadas. Esse impacto positivo nos *stakeholders* é fruto dos benefícios do projeto, que devem ser medidos e comunicados em uma prestação de contas.

Em qualquer projeto, é importante não pensar em medir apenas os benefícios financeiros, mas também os sociais e os ambientais. Se o projeto trouxer transformações negativas, ou diminuição de valor em algum campo, seja financeiro, social ou ambiental, mesmo que de maneira não intencional, isso deve ser medido, abatido e justificado.

Mesmo quando um projeto gera benefícios intangíveis, como clientes mais satisfeitos, deve-se fazer um esforço mental para mensurá-lo e transformá-lo em números. Afinal, o custo do projeto não foi intangível, não é mesmo?

Mesmo em projetos sociais, por exemplo, pode se fazer um esforço mental para prever transformações significativas que sejam, de alguma forma, medidas e transformadas em números, para verificar o retorno social do investimento realizado.

Em uma empresa comercial e industrial, espera-se que os projetos tragam conversões para os acionistas da empresa na forma de aumento no valor financeiro (aumento da receita ou diminuição do custo, por exemplo).

Durante a concepção e planejamento do projeto, devemos fazer o exercício de "futurologia": listar os benefícios, as partes interessadas que receberão a transformação e apontar metas e indicadores que serão usados para mensurar a efetiva concretização dos benefícios.

Podemos pensar em fazer produtos com menos sofisticação, mas que sejam colocados em uso rapidamente, antecipando a geração de valor, que, por sua vez, sustentará novos projetos que, então, farão o produto evoluir, gerando ainda mais valor. Esse ciclo sustentável deve ser pensado de maneira contínua.

É possível que ocorram falhas de entendimento ao longo da jornada e mesmo durante a concepção do projeto, como alerta a seção *Dicas do especialista*, a seguir.

**Nos períodos subsequentes à implantação do projeto é preciso mensurar benefícios e prestar contas**

**Pense no planeta**

DICAS do ESPECIALISTA

## Falhas de entendimento na jornada do projeto

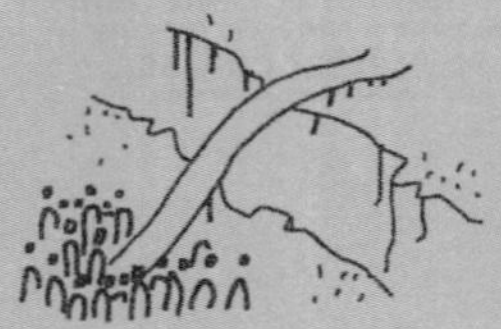

### NÃO ATENDE À DEMANDA

Os problemas não foram levantados adequadamente. A construção do projeto foi timidamente estabelecida e é incapaz de gerar o valor que a organização necessitava.

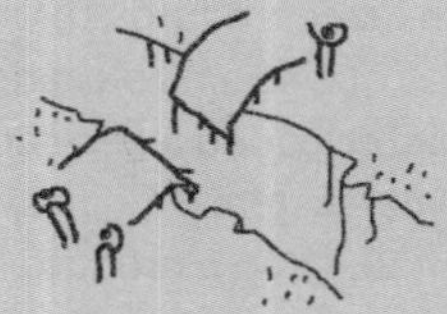

### FALTA QUALIDADE

Não ficou clara a utilidade que se daria ao produto do projeto e sua qualidade e requisitos não foram bem especificados e gerenciados. A organização terá que investir tudo de novo para chegar lá.

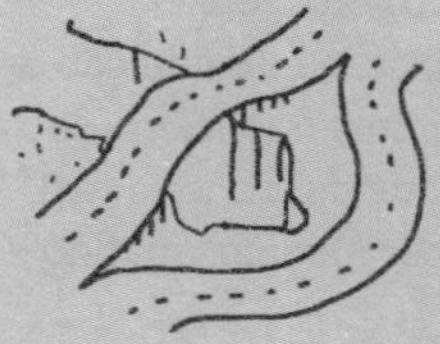

### INÚTIL

Os esforços e investimentos da organização não serão compensados com geração extra de valor. Novos benefícios trazidos pelo projeto não são significativos.

# Falhas na concepção do empreendimento

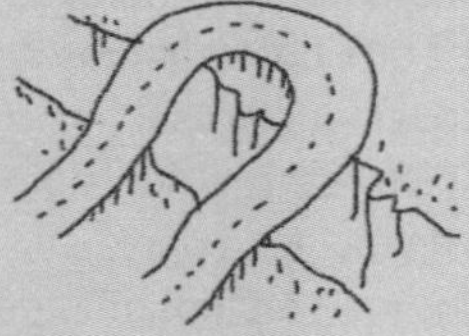

### LEVA PARA O MESMO LUGAR

O projeto não apresenta uma situação futura desafiadora e será incapaz de melhorar os indicadores de desempenho da organização, que permanecerá no mesmo patamar.

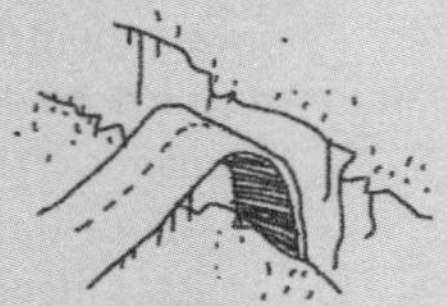

### CATÁSTROFE

Por desconhecimento das técnicas de construção do projeto, má avaliação dos riscos envolvidos ou má gestão, o projeto colocou a organização em uma situação pior do que aquela em que se encontrava

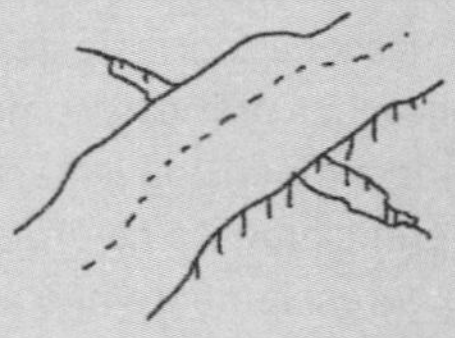

### EXAGERADO

Existiam soluções muito mais simples e que demandavam menos esforço para entregar os benefícios requeridos pela organização.

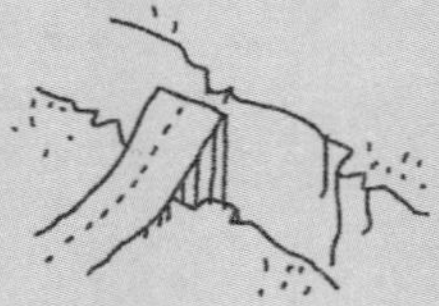

### INACABADO

A organização subestimou os esforços, os custos e os riscos envolvidos e não possui mais recursos financeiros e humanos para finalizar o projeto.

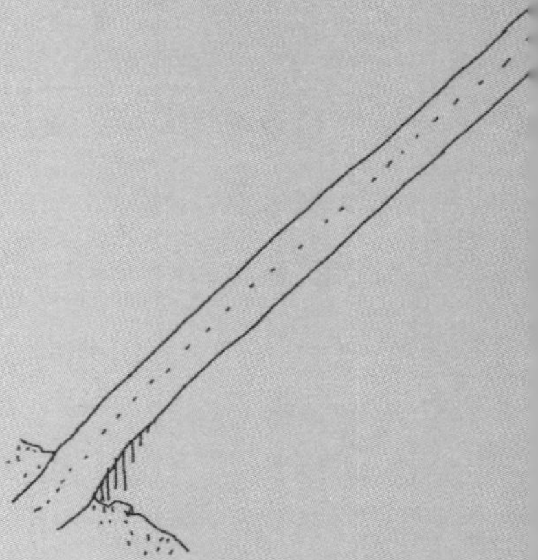

### IMPOSSÍVEL

O objetivo do projeto não era alcançável com as competências atuais nem realista dentro das limitações de recursos. Os requisitos do projeto eram tecnicamente inviáveis.

## 3.2 DA ORIENTAÇÃO ANALÍTICA À ORIENTAÇÃO POR FLUXO

A teoria e a prática do gerenciamento de projetos vêm evoluindo. Nos anos 1960 e 1970, essa disciplina tinha enfoque analítico, preocupada em quebrar o projeto em partes menores e mais gerenciáveis para depois uni-las novamente.

A revolução da gestão feita pelos fabricantes de carro japoneses, em especial a Toyota, fez nascer a teoria de gestão *lean* e inúmeras aplicações práticas, como o Kanban, que, mais tarde, influenciou a maneira de enxergar o gerenciamento de projetos.

De fato, o gerenciamento não abandonou completamente a orientação analítica, mas passou crescentemente a ter uma orientação por fluxo.

As organizações perceberam que, para ganhar mais, em vez de promover projetos enormes, que atravessam a jornada PCUV lentamente, devem optar por formular um grupo de projetos menores com produtos mínimos viáveis, mas que seguem pela jornada PCUV de maneira mais rápida.

A PCUV trafega com lotes menores, porém, com mais volume e velocidade, o que aumenta significativamente a geração de valor. Além disso, existe maior retorno dos investimentos, uma vez que postergamos a aplicação dos recursos financeiros e humanos e antecipamos o retorno do valor.

Não se trata apenas de rapidez, com projetos menores e ciclos mais rápidos, mas de ter a chance de fazer o projeto chegar ao final da jornada PCUV e não ser abandonado no meio do caminho, diminuindo o risco. Ademais, existe um fluxo de *feedback* nessa cadeia PCUV que permite aos pequenos projetos completarem a cadeia toda com sucesso.

**O Kanban regula o fluxo de trabalho**

DICAS do ESPECIALISTA

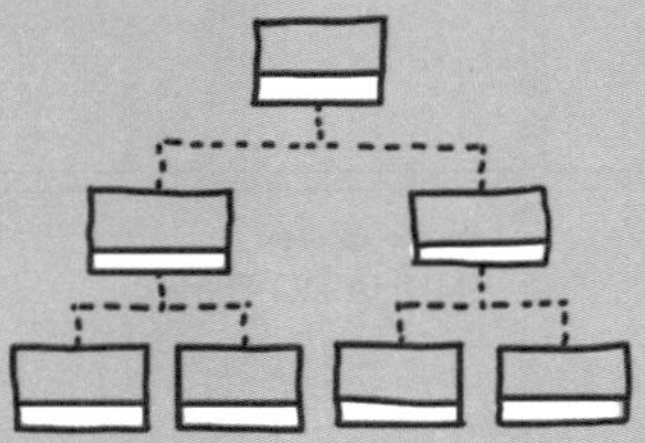

## GERENCIAMENTO DE PROJETOS COM ORIENTAÇÃO ANALÍTICA

- Foco no campo da construção.
- Quebra das entregas em partes.
- Atribuição de responsáveis às partes.
- Sistema empurrado que acelera as partes da construção o mais antecipadamente possível.
- Planejamento detalhado, antecipado e congelado.

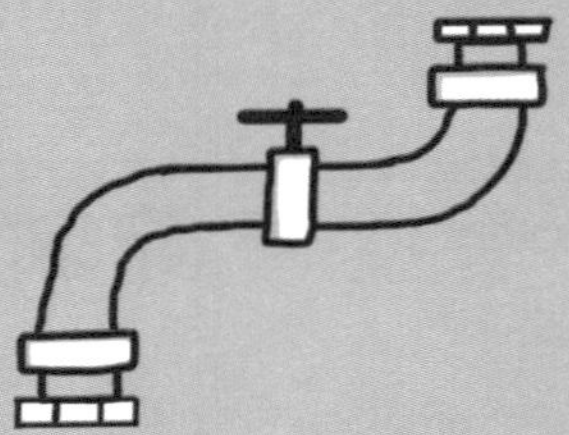

## GERENCIAMENTO DE PROJETOS COM ORIENTAÇÃO POR FLUXO

- Planejamento colaborativo e iterativo.
- Sistema puxado que inicia a construção à medida que finaliza os projetos.
- Ênfase no valor e uso (pare de começar e comece a terminar).
- Redução nas filas e no prazo fim-a-fim na jornada PCUV.
- Aumento do fluxo de valor na jornada PCUV.
- Incentivo à visibilidade e à colaboração sistêmica (toda a cadeia PCUV).

Em cada campo da jornada PCUV, são exercidos papéis importantes:

- **P** *business analyst*, patrocinador, gerentes de negócio.
- **C** gerente de projeto, líderes técnicos, executores e terceiros.
- **U** usuários e profissionais de suporte.
- **V** acionistas da empresa promotora do projeto e outros *stakeholders* que terão sua vida transformada pelo projeto.

## 3.3 COMO O PCUV SE ESPALHA PELO PM CANVAS?

O PCUV é um fluxo, com múltiplas dimensões distribuídas no tempo. Para facilitar a vida das pessoas, vamos transformá-lo em uma ferramenta de uma única folha — o PM Canvas —, construído em apenas uma sessão, por uma equipe hiperinteligente e colaboradora. O PM Canvas vai ajudar a enxergar, modelar e comunicar a jornada PCUV. Quando você tiver dificuldade em entender os conceitos contidos no bloco do PM Canvas, como requisitos, premissas e entregas, basta voltar à ideia do PCUV que tudo ficará mais claro.

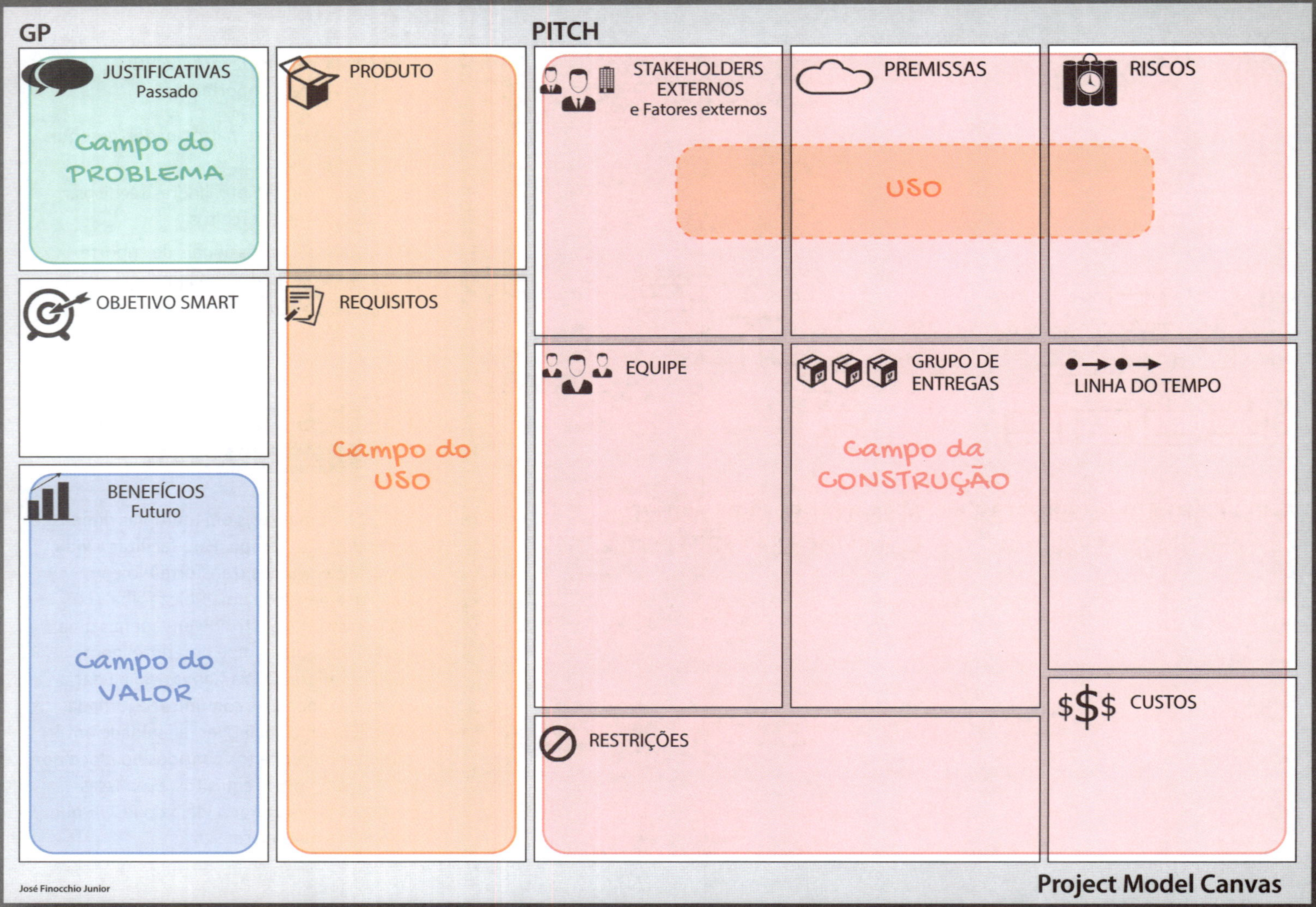
GP
PITCH
JUSTIFICATIVAS
Passado
Campo do
PROBLEMA
PRODUTO
STAKEHOLDERS
EXTERNOS
e Fatores externos
PREMISSAS
RISCOS
USO
OBJETIVO SMART
REQUISITOS
EQUIPE
GRUPO DE
ENTREGAS
LINHA DO TEMPO
Campo do
USO
Campo da
CONSTRUÇÃO
BENEFÍCIOS
Futuro
Campo do
VALOR
CUSTOS
RESTRIÇÕES
José Finocchio Junior
Project Model Canvas

Os conceitos de planejamento estão claramente localizados em um campo da jornada PCUV. No objetivo SMART, você pode mencionar todos os campos PCUV com maior ou menor ênfase, de acordo com seu julgamento.

Repare que existem conceitos que estão em dois campos, como é o caso, por exemplo, de premissas e riscos. É comum pensar em riscos durante a elaboração do projeto e na construção do produto, mas também existem riscos e falhas decorrentes de sua utilização — ambos, em minha opinião, devem ser pensados na elaboração do modelo mental do projeto.

Da mesma maneira que existem premissas de projeto, há também premissas de uso do produto — penso que os dois podem ser considerados durante o planejamento, embora seja mais comum pensar em premissas de projeto.

### 3.3.1 O PCUV e a ordem do PM Canvas

O PM Canvas está estruturado na ordem do planejamento consolidada entre os praticantes de gerenciamento de projetos nos últimos 50 anos. Para aprovar um projeto, as pessoas apresentam seu propósito na forma de problemas e valor, depois tratam de delimitar o produto e esclarecer requisitos, e somente depois devem se preocupar em como fazer a construção do produto. Essa ordem faz sentido para mim e espero que também faça sentido para você. Além dessa diretriz mestra, também agrupei e ordenei conceitos do PM Canvas nos quais praticantes mostraram ter mais facilidade de pensar e relacionar os 13 conceitos entre si, de acordo com minha experiência. Voltarei sempre à jornada PCUV para explicar melhor os conceitos de gerenciamento de projetos envolvidos no PM Canvas.

# 4

## CONCEBER O PLANO

CONFÚCIO ESCREVEU, SABIAMENTE, QUE "UMA JORNADA DE UM MILHÃO DE MILHAS COMEÇA COM UM PASSO". AO QUE EU ACRESCENTARIA: "UM PASSO NA DIREÇÃO CORRETA"

A disposição dos componentes do canvas sugere uma sequência de resolução a ser seguida.

## 4.1 UM PLANO DE ATAQUE AO PROBLEMA

Ao preencher o Project Model Canvas (PM Canvas) com post-its, mágicas acontecem: aquilo que estava obscuro fica nítido. Fragmentos de informação armazenados nos recônditos cerebrais dos diversos *stakeholders* se cristalizam à sua frente, fazendo emergir um modelo mental completo e consistente que converge ao grupo que o gerou.

Para que tudo isso aconteça, é preciso dar o primeiro passo — e na direção correta. Existem questões de ordem fundamental que devem ser respondidas primeiro. Caso a ordem seja seguida, mais fácil será encontrar as respostas subsequentes. Para além disso, há alguns truques que podem ajudá-lo nesse processo, como mostra a seção *Dicas do especialista*, a seguir.

## DICAS *do* ESPECIALISTA

### REAJUSTAR

O canvas, enquanto um espaço no qual você pode prototipar o modelo mental de seu projeto, por ser preenchido com post-its, pode ser reajustado inúmeras vezes.

### PERGUNTAR

As perguntas definem seu projeto e permitem que qualquer um o entenda. Responder às perguntas antecessoras torna mais fácil encontrar respostas às sucessoras.

### SIMPLIFICAR

Escreva sentenças curtas em cada post-it para preencher cada componente com informações específicas do projeto.

Cada área demarcada do canvas é agrupada em blocos e dividida por cores que representam uma função específica de planejamento. O objetivo é responder às grandes questões — Por quê? O quê? Quem? Como? Quando? Quanto? — e garantir que os detalhes desnecessários sejam deixados de fora.

É recomendável que as perguntas sejam respondidas na ordem em que aparecem na Figura 4.1. Por exemplo, se ainda não conseguimos definir por que o projeto deve ser feito, ainda não é hora de se preocupar com o que fazer. Note que, na Figura 4.1, da esquerda para a direita, os 13 componentes aparecem na ordem em que serão preenchidos e cada coluna possui uma cor diferente que corresponde a perguntas fundamentais.

**Figura 4.1** Perguntas fundamentais

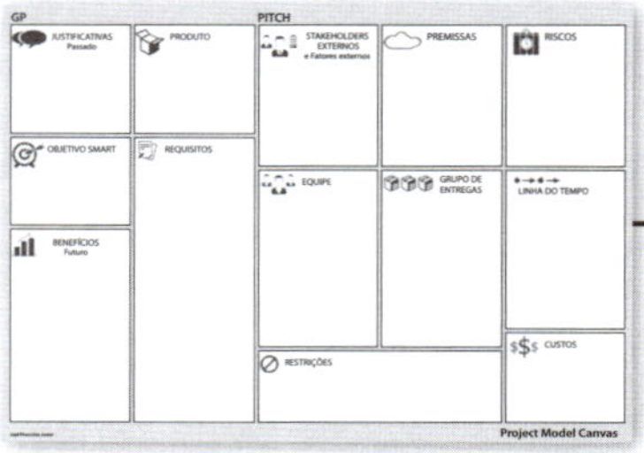


Fonte: elaborada pelo autor.

**Figura 4.2** Exemplo de como preencher os componentes do projeto

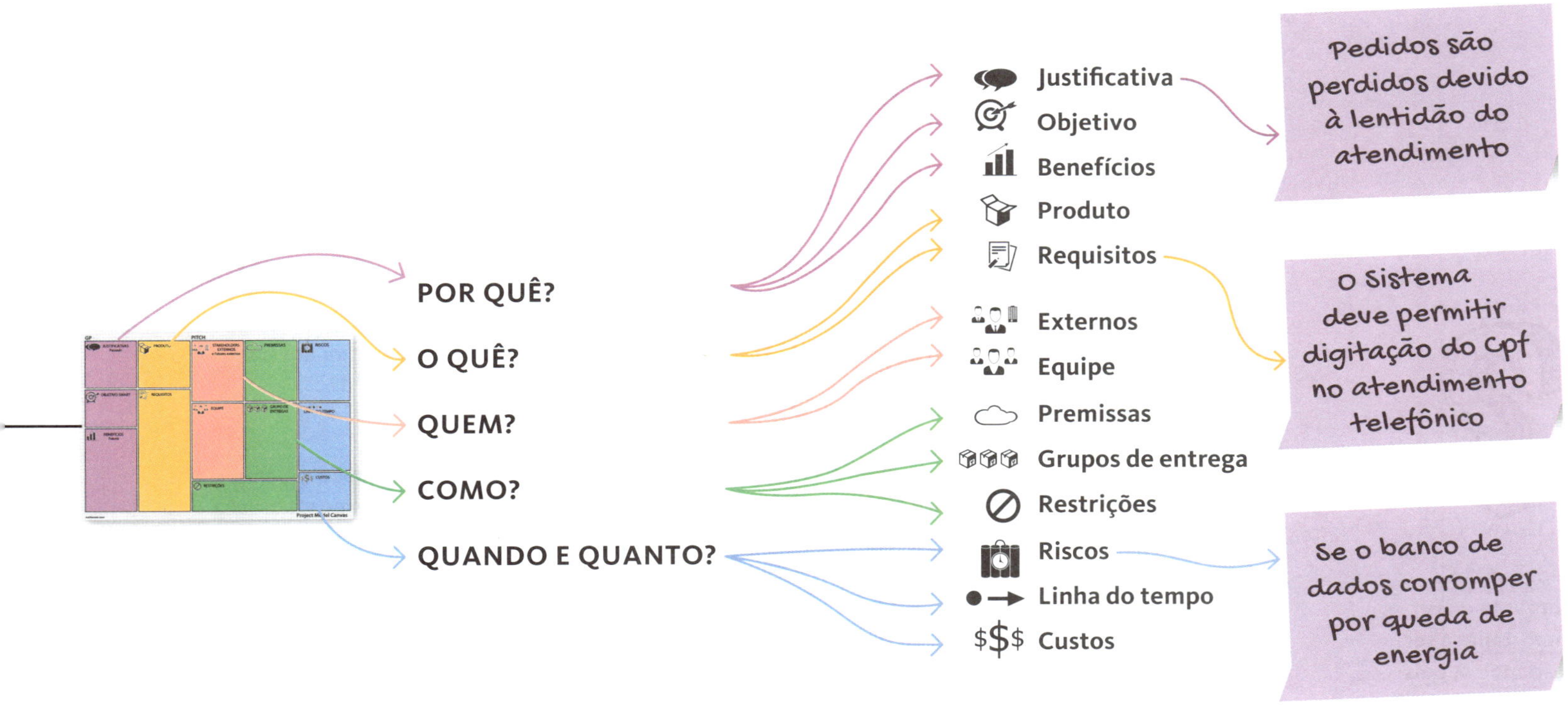


Fonte: elaborada pelo autor.

**"Por quê?" é a pergunta mais importante a ser respondida, pois definirá os valores que identificarão todos os envolvidos no projeto.**

Permito-me abrir um parêntese para comentar uma dúvida que, talvez, tenha surgido ou possa surgir na cabeça do leitor. O fato de a pergunta "Por quê?", nesse modelo, vir antes da pergunta "O quê?", não é casual. De acordo com Simon Sinek,[1] compramos bens e nos associamos a organizações e mesmo a pessoas, não apenas pelo que são e oferecem, mas principalmente por suas motivações e crenças. Nas palavras do autor, "as pessoas não têm que precisar do que você vende. Nem trabalhar para você por dinheiro. Elas têm é que acreditar em coisas similares, você e elas precisam ter motivações compartilhadas".[2]

No caso dos produtos da Apple, por exemplo, Sinek afirma que é a busca por inovação e beleza, bem como a coragem para fazer rupturas, que geram admiração e identificação nos consumidores.

Essa busca é anterior aos produtos da Apple propriamente ditos.

Ela é justamente o *porquê* de todas as ações da Apple.

Em síntese, pessoas e organizações motivadas pelos mesmos "porquês" desenvolvem relações de lealdade e confiança. Valores e desejos falam mais alto que fatos e números. Esse é um processo que passa menos pelo racional e mais por aquela parte do cérebro chamada sistema límbico. Daí a importância de colocar a pergunta "por quê?" sempre no início do plano do projeto.

---

1 SINEK, S. *Start with why*: how great leaders inspire everyone to take action. New York: Portfolio, 2009.

2 SINEK, 2009.

POR QUÊ?
O QUÊ?
QUEM?
COMO?
QUANDO E QUANTO?
GP
PITCH
JUSTIFICATIVAS
Passado
OBJ SMART
BENEFÍCIOS
Futuro
PRODUTO
REQUISITOS
STAKEHOLDERS EXTERNOS
& Fatores externos
EQUIPE
PREMISSAS
GRUPO DE ENTREGAS
RESTRIÇÕES
RISCOS
LINHA DO TEMPO
CUSTOS
Project Model Canvas

## 4.2 POR QUE FAZER O PROJETO?

A real motivação por trás da resposta a essa pergunta é simples: para melhorar nossa situação! Ninguém deveria fazer um projeto para piorar o estado das coisas. Temos que sair de uma situação atual com problemas e demandas não atendidas para um futuro melhor e com mais valor.

Como vimos, a primeira coluna engloba os componentes *justificativa*, *objetivos* e *benefícios*, e tem por objetivo responder à pergunta *por quê?*. A Figura 4.3 explica o que deve compor cada um deles: os problemas e demandas existentes compõem a justificativa do plano de projeto; as melhorias e o valor agregado que imaginamos no futuro constituem os benefícios; e a ponte que nos transportará da situação atual para a futura forma o objetivo.

**TODO PROJETO DEFENDE A TRANSFORMAÇÃO DAS CIRCUNSTÂNCIAS ATUAIS PARA UMA SITUAÇÃO FUTURA MELHOR...**

**Um projeto configura sempre a busca por uma situação melhor.**

**Figura 4.3** Componentes que respondem à pergunta "Por quê?"

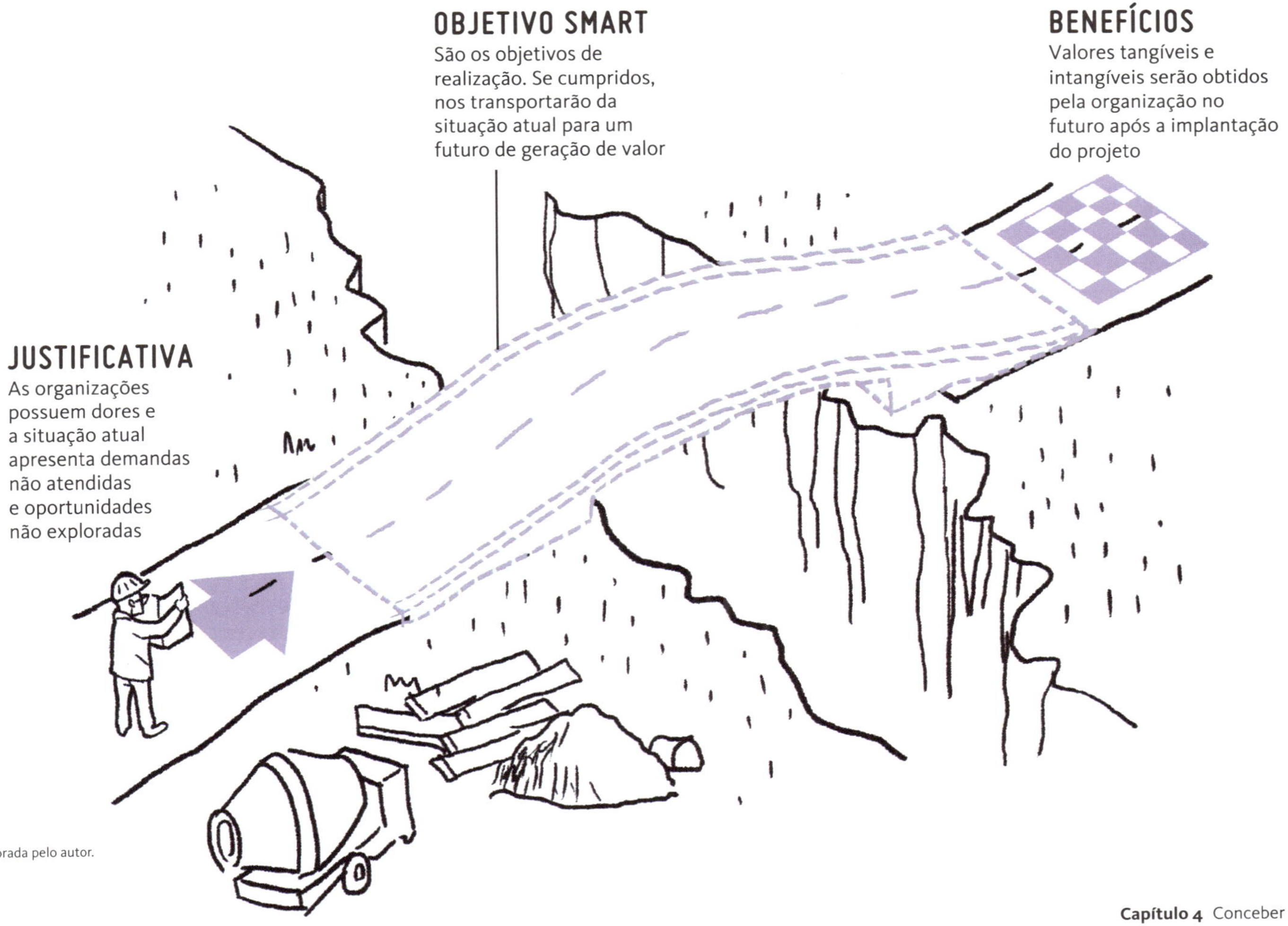

OBJETIVO SMART
São os objetivos de realização. Se cumpridos, nos transportarão da situação atual para um futuro de geração de valor
BENEFÍCIOS
Valores tangíveis e intangíveis serão obtidos pela organização no futuro após a implantação do projeto
JUSTIFICATIVA
As organizações possuem dores e a situação atual apresenta demandas não atendidas e oportunidades não exploradas


Fonte: elaborada pelo autor.

### 4.2.1 Justificativa

A justificativa é onde registramos as dores do campo do problema mencionado na jornada do projeto. Pense em cada um dos problemas, tanto da organização promotora como de eventuais organizações clientes, organizando-os separadamente dentro do bloco justificativa, de maneira enxuta, para garantir que todo o conjunto caberá no canvas.

Se possível, escreva cada justificativa em um papel autocolante separado, formando um conjunto com os pontos principais que comprovam a relevância do projeto. Inclua, além de problemas a solucionar, oportunidades não exploradas, necessidades de negócio ou exigências legais não atendidas.

Caso sua organização tenha vendido um projeto, use isso como motivação do projeto, mas enfatize as demandas ou dores que fizeram o cliente comprá-lo. Esse tipo de informação lhe será muito mais útil durante a fase de planejamento.

Ultimamente tenho experimentado uma nova prática: se a equipe sente que há uma quantidade muito grande de problemas, tento sintetizar tudo em uma sentença-problema (*problem statement*) sem mencionar possíveis soluções — e tem dado bons resultados em termos de foco e compreensão.

Depois de colar o(s) post-it(s) na área do canvas referente à justificativa, reserve alguns minutos para reposicioná-lo(s) de maneira que os argumentos mais importantes e a sentença-problema fiquem no topo — isso ajudará a decidir o que é mais relevante mencionar.

**Use os post-its a seu favor: destaque-os e reescreva o texto quantas vezes forem necessárias.**

### 4.2.2 Objetivo SMART

O objetivo do projeto é a finalidade de todos os esforços e recursos mobilizados em direção ao que se deseja atingir.

Para se forçar a exercer seu poder de síntese, imagine que entrou em um elevador que o levará do térreo até o quarto andar com o presidente da sua organização. Nesse curto período, você tem a oportunidade de contar o objetivo do seu projeto. Após sair do elevador, o presidente precisa ter clareza das linhas gerais do escopo, do prazo e do custo do seu projeto.

Pois bem, no momento do planejamento, procure formular o objetivo do projeto à maneira de um discurso de elevador para o presidente: direto, resumido e, ao mesmo tempo, persuasivo e pertinente.

No canvas, o objetivo deve ser traduzido em um parágrafo, escrito em um post-it de tamanho extragrande, de 98 mm × 149 mm, ou então, em no máximo dois post-its grandes, de 76 mm × 76 mm — o tamanho mais fácil de encontrar no Brasil.

O importante é focar o máximo de concisão possível, uma vez que, mantendo os textos pequenos, conseguiremos relacioná-los melhor visualmente aos demais componentes do canvas.

A evolução na concisão se dá por tentativas e aperfeiçoamentos. A vantagem é que, ao escrevermos em post-its, podemos alterar quantas vezes quisermos, basta arrancar e escrever de novo.

Mesmo curto, o objetivo deve seguir o formato conhecido como SMART, sigla que deriva das iniciais de cinco palavras, conforme mostra a Figura 4.4.

**Figura 4.4** O formato SMART

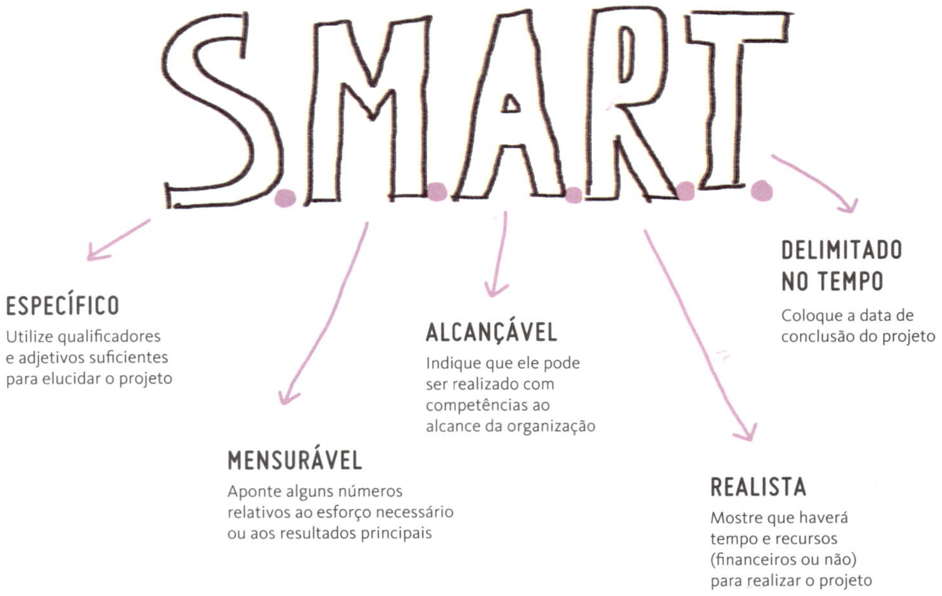
S.M.A.R.T.
ESPECÍFICO
Utilize qualificadores e adjetivos suficientes para elucidar o projeto
MENSURÁVEL
Aponte alguns números relativos ao esforço necessário ou aos resultados principais
ALCANÇÁVEL
Indique que ele pode ser realizado com competências ao alcance da organização
REALISTA
Mostre que haverá tempo e recursos (financeiros ou não) para realizar o projeto
DELIMITADO NO TEMPO
Coloque a data de conclusão do projeto

Fonte: elaborada pelo autor.

### 4.2.3 Benefícios

Quando trabalhei para a consultoria britânica Deloitte — que atua no mundo todo, inclusive no Brasil, contando com 200.000 profissionais — a prática corrente era remeter toda ação empresarial à geração de valor para os acionistas da empresa. Inspirando-me na aprendizagem que tive nessa organização, quando se trata de apontar os benefícios de um projeto, recomendo que os quatro pontos apresentados na Figura 4.5 sejam lembrados.

**Figura 4.5** Benefícios desejáveis

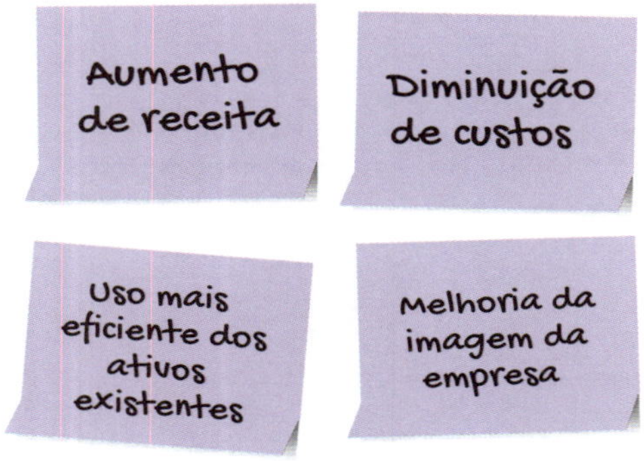


Fonte: elaborada pelo autor.

No caso de uma organização que, além dos fins lucrativos, preze a responsabilidade socioambiental e a sustentabilidade, proponho acrescentar uma categoria suplementar de benefício: **impactos socioambientais benéficos**.

Esse é um aspecto cada vez mais fundamental, já que o grande desafio das sociedades contemporâneas é buscar um modelo de crescimento com equilíbrio durável entre os polos econômico, social e ambiental, o chamado *triple bottom line*.

A semente dessa concepção foi lançada com a publicação de um relatório da Comissão Mundial sobre Meio Ambiente e Desenvolvimento, em 1987, intitulado "Nosso Futuro Comum", que define o conceito de **desenvolvimento sustentável** como "aquele que responde às necessidades do presente sem comprometer a capacidade das gerações futuras de responder às suas necessidades".

Trata-se, portanto, de garantir a liberdade e o fortalecimento dos mercados, sem por isso descuidar de questões ecológicas e sociais — que, no limite, poderiam minar a economia.

Levando em conta esse cenário, os benefícios do projeto podem e devem incluir ganhos sociais e ambientais.

Agora, não se esqueça de verificar se, de fato, aquilo que a equipe aponta como benefícios do projeto está efetivamente associado à resolução do problema ou demanda subjacente. Por mais positivos que sejam, os benefícios só se justificam se dialogarem com os objetivos e a justificativa do projeto.

Além disso, ao escrever sobre os benefícios, use, sempre que possível, critérios quantificáveis, preferencialmente aqueles que serão usados posteriormente para mensurar o êxito do projeto.

Se a organização promotora tem objetivos estratégicos bem-definidos e para os quais o projeto contribui, vale a pena mencioná-los um a um, colocando um post-it pequeno para cada objetivo. Ao lado, cole um segundo post-it pequeno, avaliando o grau de contribuição do seu projeto para cada objetivo estratégico da organização. É útil, nesse momento, lançar mão de uma escala verbal para julgar o grau de contribuição do projeto ao objetivo estratégico específico:

» MUITO ALTA

» ALTA

» ENTRE MÉDIA E ALTA MÉDIA

» ENTRE MÉDIA E BAIXA

» BAIXA

» MUITO BAIXA

Os benefícios listados no canvas ficariam como o exemplo representado pela Figura 4.6.

**Figura 4.6** Grau de contribuição do projeto ao objetivo estratégico específico

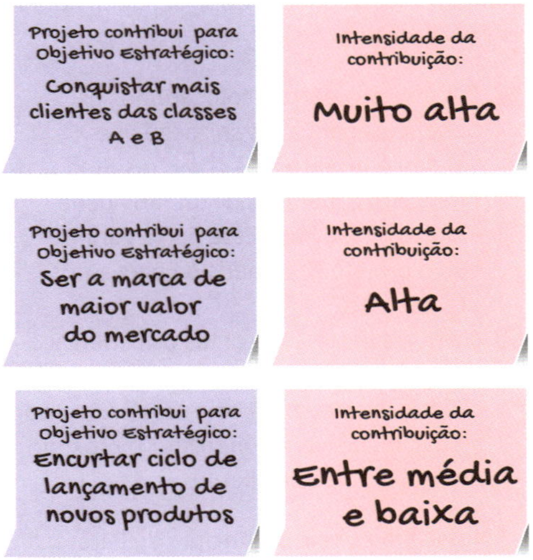


Fonte: elaborada pelo autor.

Posteriormente, se for necessário priorizar projetos, essa classificação se revelará útil. No caso de sua organização ter *vendido* um projeto, o bloco dos benefícios será compartilhado com o cliente, sendo dividido em duas partes:

1. Em uma das partes, colocaremos os benefícios para a organização que vendeu o projeto, tais como resultados financeiros, margens de lucratividade e outros, caso haja. Essa parte garante que o projeto seja saudável para sua organização.
2. Na outra parte, listaremos os benefícios que geram valor para a organização do cliente. Prestar atenção a essa parte pode ajudar, inclusive, a conquistar o próximo projeto do mesmo cliente.

Nesse bloco, vale o Princípio de Pareto: a maior parte do valor será entregue por um conjunto reduzido de benefícios. Coloque, portanto, os mais relevantes no topo.

## 4.3 O QUE O PROJETO PRODUZ?

Todo projeto gera um produto, serviço ou resultado para um cliente — mesmo que esse cliente seja você próprio, no caso de um projeto pessoal. Como vimos, a segunda coluna do canvas engloba os componentes **produtos e requisitos**, e tem por objetivo responder à pergunta **O quê?**.

O produto, serviço ou resultado tem de atender a determinados requisitos para ser bem-aceito pelo cliente. Portanto, especificações do produto do projeto e de seus requisitos constituem componentes fundamentais para determinarmos a **qualidade** do que será entregue ao cliente.

É natural esperarmos que o cliente forneça informações sobre o produto e sobre seus requisitos na forma de uma **demanda** clara para a equipe do projeto. Contudo, nem sempre é fácil para o cliente organizar tais informações sozinho e, por isso, é importante engajá-lo como parceiro no processo.

**TODO PROJETO GERA PRODUTOS, SERVIÇOS OU RESULTADOS QUE ATENDEM NECESSIDADES REAIS DE CLIENTES**

**Figura 4.7** Produto, serviço ou resultado do projeto

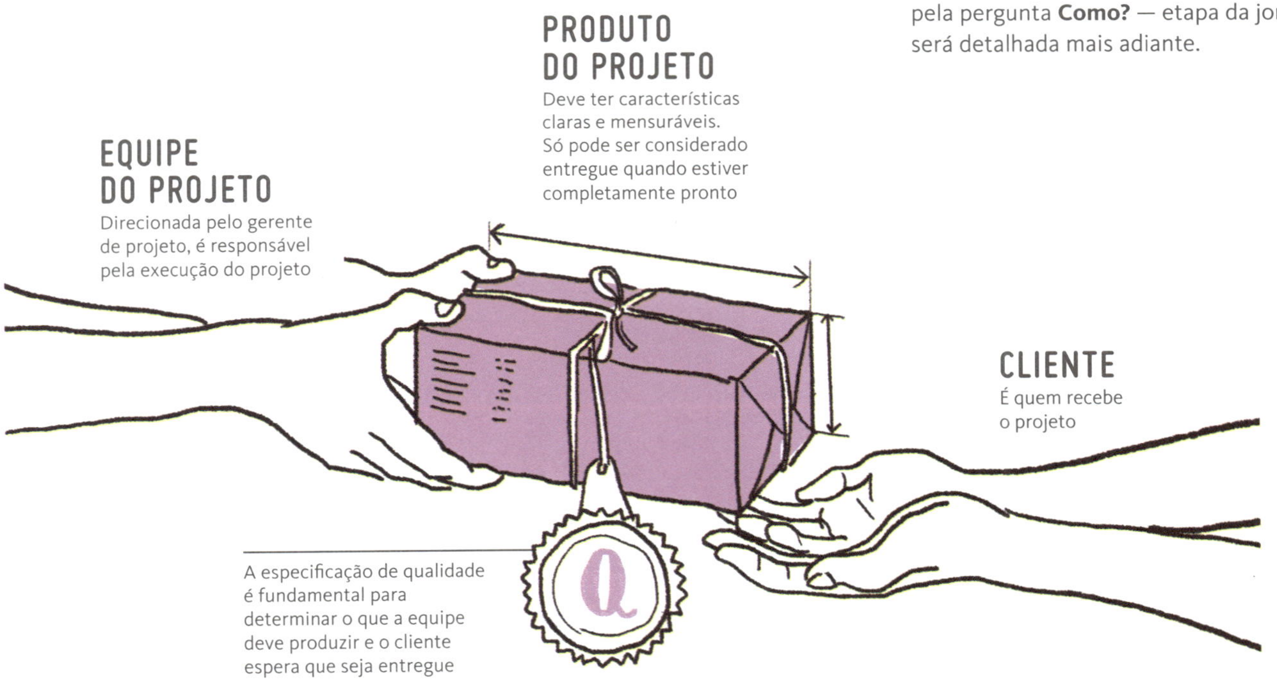
PRODUTO DO PROJETO
Deve ter características claras e mensuráveis. Só pode ser considerado entregue quando estiver completamente pronto
EQUIPE DO PROJETO
Direcionada pelo gerente de projeto, é responsável pela execução do projeto
CLIENTE
É quem recebe o projeto
A especificação de qualidade é fundamental para determinar o que a equipe deve produzir e o cliente espera que seja entregue
Q

Fonte: elaborada pelo autor.

De todo modo, a equipe deverá responder a essa demanda construindo as entregas em determinadas condições de trabalho, no agrupamento de componentes norteados pela pergunta **Como?** — etapa da jornada que será detalhada mais adiante.

RELAÇÕES
DO CANVAS
DEMANDA
E TRABALHO

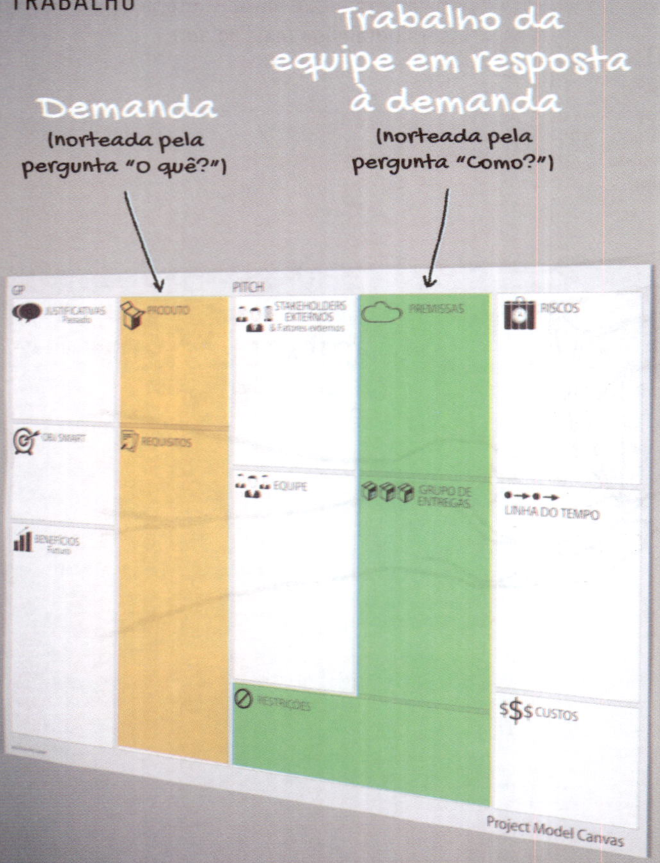


### 4.3.1 Produto

Visualize o último dia do projeto: todos estão felizes com o sucesso da empreitada. O que está sendo entregue ao cliente? O produto do projeto.

No PM Canvas, você vai descrever, no bloco **produto**, justamente aquilo que será entregue ao cliente. É muito comum que se trate de um produto único e, nesse caso, deve ser representado apenas com um post-it.

Como mencionado anteriormente, existem projetos que não constroem um produto propriamente dito: entregam um serviço ou apenas um resultado para o cliente, os quais devem, igualmente, ser registrados em um post-it. Nada como ilustrar com exemplos concretos os três diferentes tipos de "saída" que um projeto pode ter.

Uma equipe de especialistas em tecnologia da informação conceberá um projeto para desenvolver um novo aplicativo destinado ao controle de estoques — isso é um produto. A mesma equipe fará um segundo projeto para migrar os maiores clientes da versão antiga do aplicativo para a nova versão — isso é um serviço. Se a equipe fizer mais um projeto, agora para obter uma certificação de maturidade organizacional em desenvolvimento de *software*, e, com a nova certificação, receber um título de uma organização tradicional, isso deve ser considerado um resultado.

### 4.3.2 Requisitos

Imagine que um cliente contratou, de uma famosa empresa de arquitetura, a construção da casa de seus sonhos. Se a comunicação entre o cliente e os realizadores do projeto não for muito clara e precisa, provavelmente ocorrerão decepções e aborrecimentos.

O cliente precisa fornecer informações sobre cada uma das áreas da casa. Por outro lado, pode não ser prático se deter minuciosamente em cada detalhe, ao menos em um primeiro momento. Por exemplo, o cliente diz que não quer paredes separando a cozinha da sala de jantar, mas não necessariamente a largura que deve haver entre os azulejos da cozinha.

Pois bem, os **requisitos** são a maneira de o cliente comunicar para a equipe aquilo que lhe parece necessário ou desejável no produto que vai receber ao término do projeto.

Os participantes da montagem do canvas devem fazer uma lista dos principais componentes ou subsistemas que compõem o produto do projeto, sem esquecer nenhum relevante, como mostra a Tabela 4.1.

Mas, atenção: sendo o canvas um modelo simplificado, é preciso manter o detalhamento no nível mais minucioso possível e, se for o caso, as equipes técnicas desdobrarão mais adiante os requisitos, com maiores níveis de detalhamento.

**Tabela 4.1** Características dos requisitos no PM Canvas

| CARACTERÍSTICA | DETALHAMENTO |
|---|---|
| Unitário | Refere-se a uma única coisa |
| Completo | Abrangente. Não negligencia informações relevantes |
| Consistente | Não contradiz os demais requisitos |
| Atômico ou não conjugado | Não contém conjunções ou locuções conjuntivas, do tipo "se", "e", "ou", "portanto", "mas", "quando", "conforme", "à medida que" |
| Rastreável | Pode ser relacionado, total ou parcialmente, a necessidades dos stakeholders |
| Atual | Não se torna obsoleto durante o período de duração do projeto |
| Factível | Pode ser implementado dentro das condições e circunstâncias reais do projeto |
| Não ambíguo | Exprime fatos objetivos, não opiniões subjetivas |
| Prioridade determinada | Deve ter importância e prioridade relativas, determinadas em relação aos outros requisitos |
| Verificável | Pode ser verificado por meio de métodos básicos, como inspeção, testes e simulações |

Fonte: traduzido e adaptado a partir de uma tabela em inglês, disponível em: <http://en.wikipedia.org/wiki/Requirements>. Acesso em: 30 maio 2019.

**DICAS**
*do*
**ESPECIALISTA**

Ao formular requisitos, é essencial ter em mente que ele está ligado ao **uso** que o cliente faz do produto. Durante o uso, o produto apresentará características (ou *features*) que ajudarão no processo do cliente ou em sua cadeia de valor. Localizar essa agregação de valor e em qual ponto do processo de uso se dá é a chave para organizar os requisitos.

No canvas, comece por mencionar, no bloco de requisitos, em linhas gerais, o comportamento e as funções desempenhadas pelo produto — lembrando de escrever apenas um requisito para cada post-it.

Em seguida, liste os requisitos básicos relativos às qualidades que o produto deve ter, seu desempenho e sua confiabilidade.

É importante que os requisitos redigidos nos post-its permitam visualizar de maneira clara e abrangente o produto, suas características e suas funções principais.

Para ajudá-lo, a tabela *Características dos Requisitos no PM Canvas* traz as características de um requisito bem-formulado.

Com a equipe de frente para o canvas, pode, eventualmente, advir uma sensação de desconforto, uma vez que pode ser a primeira vez que o cliente e a equipe têm a oportunidade de falar sobre os requisitos.

Para diminuir a pressão, deixe claro que outras coisas poderão ser agregadas posteriormente, se preciso. O processo de definição de requisitos está ainda incompleto e impreciso nesse momento de concepção da lógica do projeto.

A equipe tem de se concentrar em algo que seja útil e agregue valor ao cliente, tendo em mente que o processo de delimitação de requisitos pode ser concluído aos poucos, à medida que se passa a conhecer mais e mais o projeto.

Finalize esse bloco revendo a cobertura e a relevância dos requisitos. Para se certificar de que os itens mais relevantes foram mencionados, ordene os post-its por grau de prioridade. Não se esqueça de diferenciar aqueles que são **necessários** dos que são apenas **desejáveis**.

É possível que você dedique mais tempo à coleta dos requisitos do que aos outros pontos do canvas. Ademais, devido à necessidade de aprofundar o detalhamento dos requisitos para a execução do projeto, pode ser que algumas entregas sejam especificamente dedicadas a eles, podendo assumir nomes como ***design*** ou **arquitetura do sistema** — só não esqueça de mencionar tais entregas no canvas, no local adequado.

TODOS QUE TRABALHAM E PRODUZEM COISAS PARA ESSE PROJETO FAZEM PARTE DA EQUIPE

**Durante o projeto a equipe constrói entregas.**

## 4.4 QUEM TRABALHA NO PROJETO?

*Quem trabalha no projeto?* é uma pergunta importante na medida em que ajuda a entender os limites do problema que se quer atacar. No canvas, encontra-se na terceira coluna, envolvendo os componentes **stakeholders externos, fatores externos e equipe**. Se você possui uma visão clara de quem faz parte da equipe e quem não faz, saberá diferenciar, também, o que é interno ao projeto e deve ser controlado, e o que é externo e pode apenas ser monitorado.

Faça um inventário mental do trabalho que deve ser realizado dentro do projeto que você gerencia. Quem são as pessoas ou organizações que executam cada parte desse trabalho inventariado? Não se esqueça de incluir no componente "**equipe**" os terceiros que fazem alguma entrega no projeto.

Se você tiver dúvida sobre se alguém é da equipe, pense se depois do início e antes do término do projeto esse indivíduo vai construir uma entrega intermediária tangível e significativa. Se a resposta for não, então seguramente esse *stakeholder* não faz parte da equipe de projetos.

Aqueles que não trabalham diretamente no projeto, mas são importantes de alguma maneira para o seu planejamento, são listados no campo ***stakeholders* externos**, descrito a seguir.

### 4.4.1 Stakeholders externos

*Stakeholders* são todas as pessoas ou organizações envolvidas ou afetadas pelo projeto. É importante mapeá-los, pois seu interesse — ou sua resistência — pode determinar a vida e a morte do projeto. Para o sucesso desse empreendimento, é necessário fazer o esforço de alinhar os *stakeholders* aos interesses do próprio projeto.

Os projetos estão frequentemente associados a transformações e mudanças. Por essa razão, algumas empresas adotam um processo formal de gestão de mudanças, que visa a fazer com que os *stakeholders* aceitem e incorporem as mudanças ocorridas. Mas, cuidado: no bloco ***stakeholders* externos**, listaremos apenas aqueles que *não* trabalham no projeto e que requerem uma atenção extra, entre os quais o cliente do projeto e o patrocinador do projeto.

O **cliente do projeto** é aquele que receberá o produto, serviço ou resultado gerado pelo projeto, e, portanto, possui um papel especial na formulação dos requisitos.

O **patrocinador do projeto** é aquele que providenciará recursos para o projeto ou usará sua autoridade para que a organização promotora libere esses recursos. Ao longo do processo, garantirá que o projeto os receba na medida em que precisar. Muito frequentemente, um mesmo indivíduo é o cliente e o patrocinador do projeto. Mesmo assim, é importante que as duas funções sejam registradas em dois post-its pequenos e separados, no canvas.

Além do cliente e do patrocinador, os demais *stakeholders* externos devem igualmente ser relacionados, como os fornecedores de matéria-prima, outros departamentos da organização externos ao projeto, órgãos regulatórios, governo etc.

### 4.4.2 Fatores externos

Para ter um mapeamento completo do ambiente externo ao projeto, sugiro que sejam identificados os fatores externos que, de alguma maneira, deverão ser monitorados, pois afetarão o planejamento de maneira significativa. Entre eles, podemos destacar aqueles representados na Figura 4.8.

**Figura 4.8** Exemplos de fatores externos

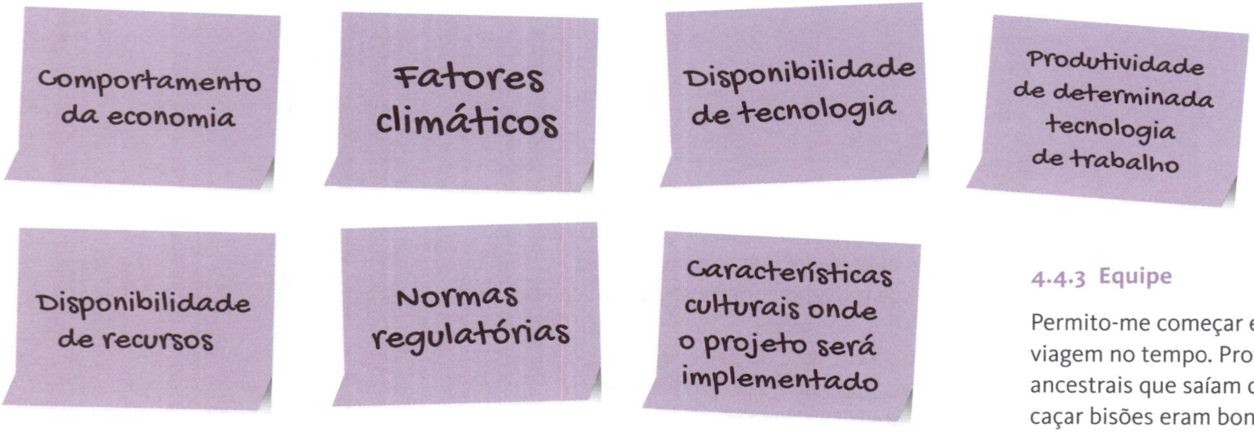


Fonte: elaborada pelo autor.

### 4.4.3 Equipe

Permito-me começar esse subitem com uma viagem no tempo. Provavelmente, nossos ancestrais que saíam das cavernas para caçar bisões eram bons gerentes de projetos — caso contrário, não estaríamos aqui. Transformar o bisão em alimento e vestuário não era um projeto simples e tinha de ser feito por uma equipe.

É fácil imaginar que uma maneira prática encontrada pelos nossos ancestrais para dividir o trabalho foi a criação de *papéis*: cada indivíduo assumia uma posição na caçada que pressupunha determinadas capacidades, talentos, direitos e obrigações inerentes àquela situação.

Dentro da equipe de caçadores, podemos supor que o localizador de bisões era hábil em seguir pistas, atentar a detalhes, ouvir e enxergar bem; tinha a autoridade de pedir silêncio para os demais e também a responsabilidade de apontar por onde começar a busca. Os responsáveis por abater o bisão precisavam ser fortes e hábeis com a lança. Já o cortador da caça sabia usar bem a faca e tinha conhecimentos sobre os procedimentos de corte, para melhor aproveitar a pele, a carne e os órgãos internos da presa. É possível que houvesse mesmo alguém responsável por organizar a partilha da carne entre as famílias, entre idosos, crianças etc., de acordo com as convenções culturais.

Seja nesse exemplo hipotético da caça ao bisão, seja em um projeto atual dentro de uma empresa, para pensar em papéis na equipe é preciso formular um modelo mental simples e rápido, conforme indica a Figura 4.9.

No canvas, sempre pensaremos nos membros da equipe associados aos seus papéis. Todos aqueles que produzem algo no projeto precisam estar listados no bloco **equipe**, com seus respectivos papéis identificados.

No momento de concepção do projeto, talvez você não conheça ainda o nome dos membros da equipe. Nesse caso, mencione apenas os papéis.

Então, escreva os nomes e/ou papéis daqueles que trabalharão para o projeto em um post-it médio — ou mesmo pequeno, se possível — e cole no bloco correspondente do canvas.

**É importante pensar nos membros da equipe considerando seus papéis, mesmo que não tenham ainda um nome definido.**

**Figura 4.9** Os papéis dos membros da equipe na produção de um filme

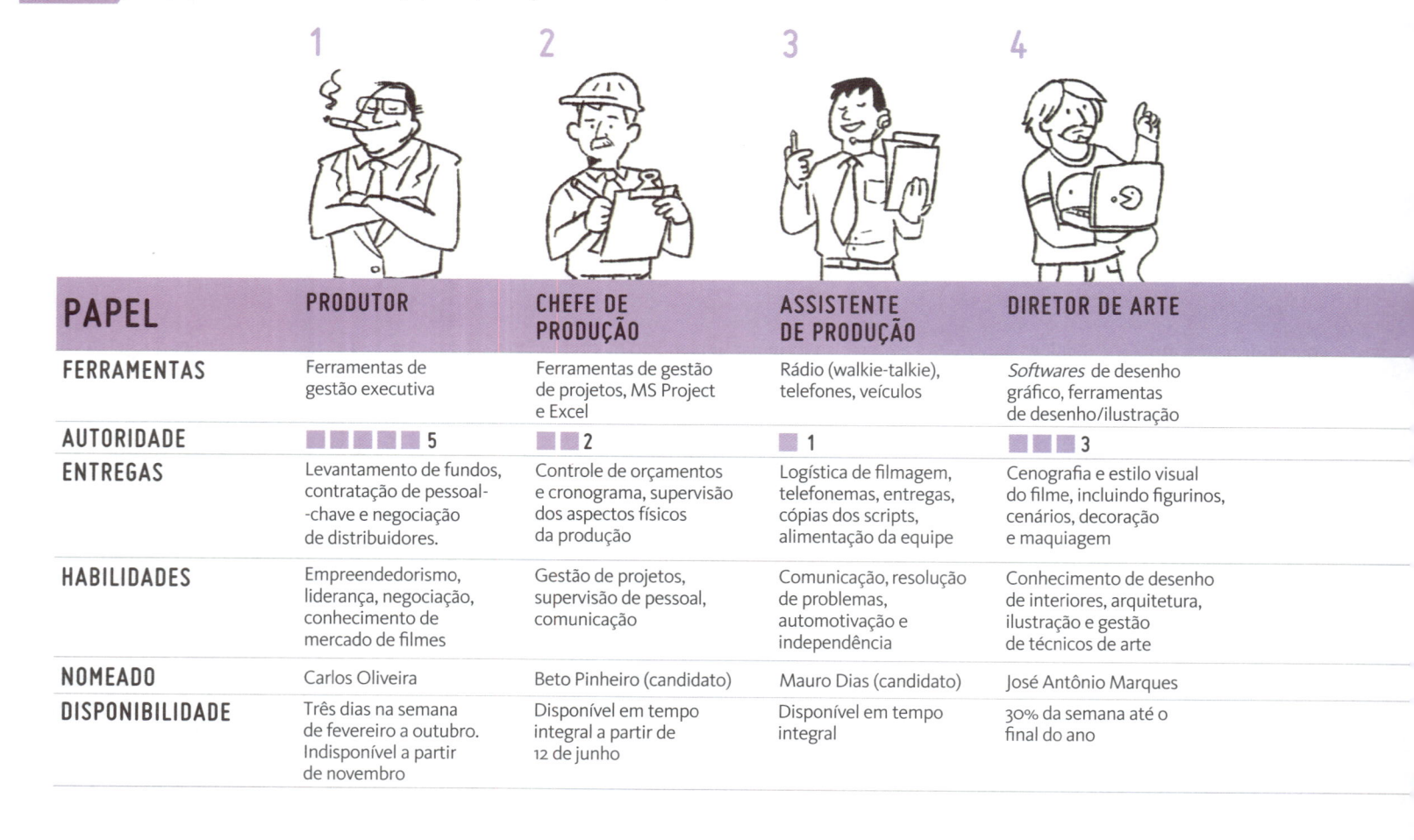

| PAPEL | PRODUTOR | CHEFE DE PRODUÇÃO | ASSISTENTE DE PRODUÇÃO | DIRETOR DE ARTE |
|---|---|---|---|---|
| FERRAMENTAS | Ferramentas de gestão executiva | Ferramentas de gestão de projetos, MS Project e Excel | Rádio (walkie-talkie), telefones, veículos | *Softwares* de desenho gráfico, ferramentas de desenho/ilustração |
| AUTORIDADE | ■■■■■ 5 | ■■ 2 | ■ 1 | ■■■ 3 |
| ENTREGAS | Levantamento de fundos, contratação de pessoal-chave e negociação de distribuidores. | Controle de orçamentos e cronograma, supervisão dos aspectos físicos da produção | Logística de filmagem, telefonemas, entregas, cópias dos scripts, alimentação da equipe | Cenografia e estilo visual do filme, incluindo figurinos, cenários, decoração e maquiagem |
| HABILIDADES | Empreendedorismo, liderança, negociação, conhecimento de mercado de filmes | Gestão de projetos, supervisão de pessoal, comunicação | Comunicação, resolução de problemas, automotivação e independência | Conhecimento de desenho de interiores, arquitetura, ilustração e gestão de técnicos de arte |
| NOMEADO | Carlos Oliveira | Beto Pinheiro (candidato) | Mauro Dias (candidato) | José Antônio Marques |
| DISPONIBILIDADE | Três dias na semana de fevereiro a outubro. Indisponível a partir de novembro | Disponível em tempo integral a partir de 12 de junho | Disponível em tempo integral | 30% da semana até o final do ano |

| 5 | 6 | 7 | 8 |
| --- | --- | --- | --- |
|  |  |  |  |
| **DIRETOR DO FILME** | **DIRETOR DE FOTOGRAFIA** | **ROTEIRISTA** | **OPERADOR DE CÂMERA** |
| Familiaridade com equipamentos de filmagem, som e iluminação | Câmeras, luzes, película de filmes, gruas, lentes e filtros | *Software* de formatação de roteiro (*screenwriting software*) | Câmeras e gruas |
| ■■■■ 4 | ■■■ 3 | ■■■ 3 | ■■ 2 |
| Controlar conteúdo e fluxo do filme, direção do desempenho dos atores, posicionamento das câmeras | Decisões de câmeras, iluminação e enquadramento em conjunto com diretor | Sinopse do filme, resumo das cenas e pontos do enredo, roteiro final do filme | Posicionamento, movimento e operação das câmeras, carga de película de filme |
| Liderança e motivação de equipe, visão artística para enquadrar cenas, controle em situação de pressão | Visão artística, boa visão de cores, conhecimento técnico de processo fotoquímico e digitais dos equipamentos | Habilidade de contar histórias e imaginação | Bom sentido de composição visual, perspectiva e movimento. Coordenação física e força |
| Roberto Pereira | Marcelo Deodoro (candidato) | Raquel Martins | A ser definido |
| De segunda a quinta a partir de 15 de junho até 20 de setembro | Disponível em tempo integral a partir de 2 de julho | Já disponível em tempo integral | – |

**Figura 4.10** Quem pertence à equipe de projeto

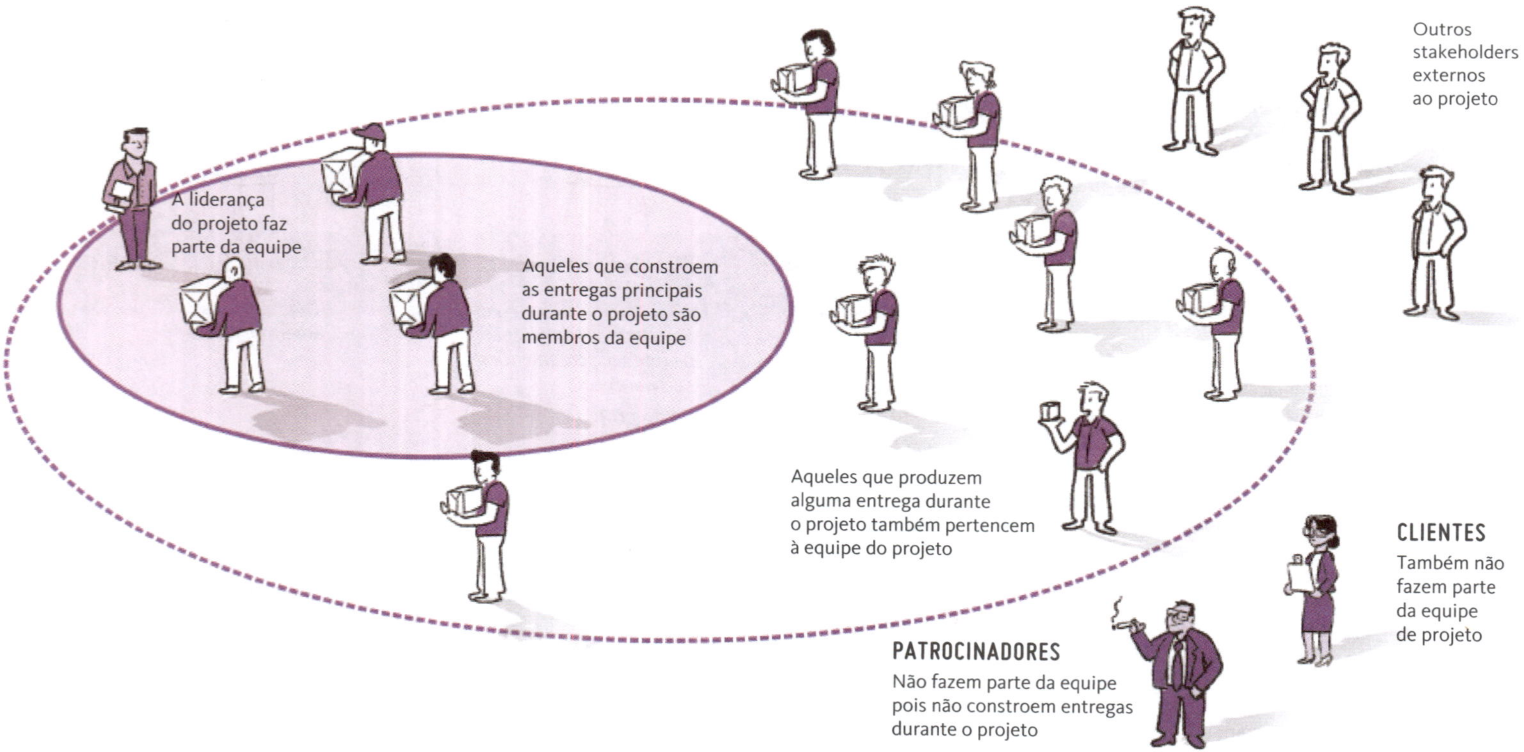
A liderança do projeto faz parte da equipe
Aqueles que constroem as entregas principais durante o projeto são membros da equipe
Aqueles que produzem alguma entrega durante o projeto também pertencem à equipe do projeto
Outros stakeholders externos ao projeto
CLIENTES
Também não fazem parte da equipe de projeto
PATROCINADORES
Não fazem parte da equipe pois não constroem entregas durante o projeto

Fonte: elaborada pelo autor.

## 4.5 COMO VAMOS ENTREGAR O PROJETO?

Quando pensamos em como realizar um grande projeto, intuitivamente, nos vem a ideia de inúmeras atividades que devem ser desempenhadas.

Porém, o problema de pensar o trabalho em termos de atividades é que, à medida que o projeto avança, novas atividades se fazem necessárias, surgem como desdobramentos de atividades anteriores ou emergem com uma nova lista de prioridades. A equipe, então, questiona sua utilidade. E, acima de tudo, paira uma sensação frustrante de que essas atividades são intermináveis.

Por isso, ao longo dos últimos 50 anos, gerentes de projeto verificaram que é melhor pensar o trabalho do projeto em termos de entregas e não de atividades.

Se pensarmos primariamente o projeto em termos de entregas, ou seja, de ações concretas e tangíveis a serem produzidas pela equipe, daremos mais estabilidade e motivação para cada um organizar seu trabalho da melhor forma.

Na prática, a equipe não deixa de executar atividades, mas seu foco muda para as entregas. As atividades realizadas passam a ser suficientes e necessárias para garantir as entregas, e não mais uma lista tirada da imaginação — muitas vezes prolixa — de alguém.

Na quarta coluna do canvas, respondendo à pergunta **Como?**, por meio dos componentes **premissas, grupo de entregas e restrições**, tornaremos visível a forma como o trabalho será feito, bem como as entregas e as condições para produzi-las.

### 4.5.1 Premissas

O planejamento do trabalho é feito em condições de incerteza. Lembre-se de que criar um plano de projeto é, em parte, um exercício de "futurologia". Além disso, temos que reconhecer que a esfera de controle e influência do gerente de projeto sobre fatores, pessoas e organizações que afetam o projeto é normalmente restrita.

Assim, para prosseguir no esforço de planejar e fazer promessas relativas ao custo e ao tempo, só nos resta assumir algumas suposições sobre um cenário futuro e relativamente incerto.

## PREMISSAS, ENTREGAS E RESTRIÇÕES

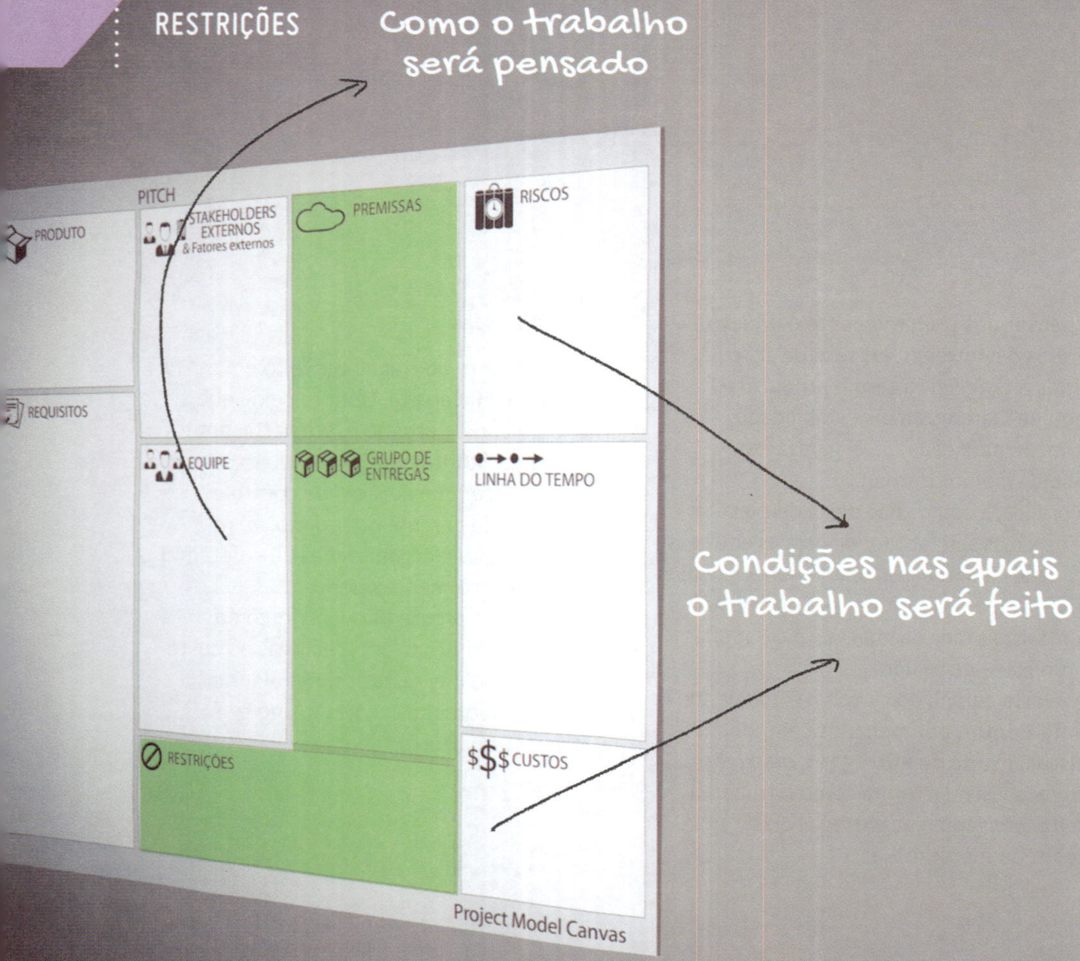


Faz-se necessário, em especial, especular sobre componentes que não estão sob o controle e a influência do gerente de projeto, como os *stakeholders* externos e os fatores externos — apenas podemos supor o que esperamos de cada um deles em relação ao projeto. Tais suposições, dadas como certas no plano do projeto, são chamadas de **premissas**.

As premissas, quando assinadas pelos *stakeholders* envolvidos, blindam o gerente de projeto e garantem que as promessas de tempo e de custo só valem enquanto as premissas forem verdadeiras.

Uma vez que uma ou mais premissas que sustentam o planejamento se mostrarem falsas, também as promessas feitas a partir delas deverão ser reavaliadas e renegociadas. Provavelmente, o plano terá de mudar.

Como mostra a Figura 4.11, ilustremos o projeto de construção de uma nova unidade de uma fábrica na cidade de Manaus.

**Figura 4.11** Exemplos de premissas

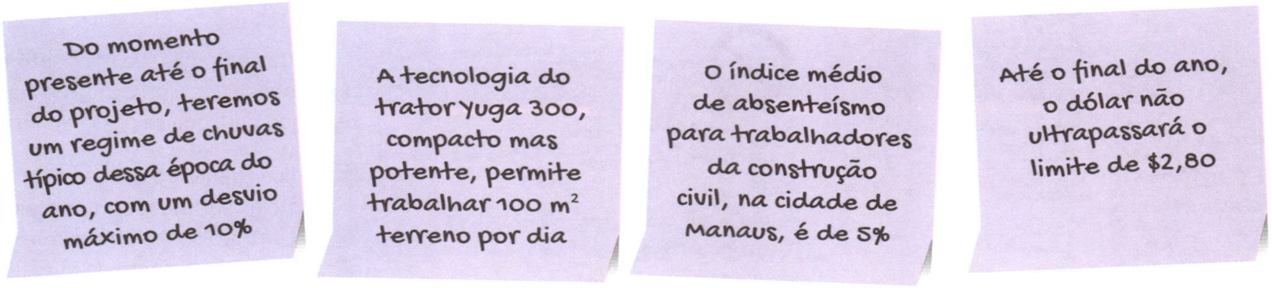
Do momento presente até o final do projeto, teremos um regime de chuvas típico dessa época do ano, com um desvio máximo de 10%
A tecnologia do trator Yuga 300, compacto mas potente, permite trabalhar 100 $m^2$ terreno por dia
O índice médio de absenteísmo para trabalhadores da construção civil, na cidade de Manaus, é de 5%
Até o final do ano, o dólar não ultrapassará o limite de $2,80

Fonte: elaborada pelo autor.

Essas premissas protegem o gerente de projeto e fornecem uma base para planejar. Em outras palavras, tudo correrá como planejado e o projeto terá êxito, *contanto que as condições acima estejam plenamente satisfeitas*.

Se houver temporais e inundações muito acima da média prevista; se o trator, de fato, não trabalhar dentro dos limites operacionais informados pelo fabricante; se uma epidemia acarretar muitas faltas dos trabalhadores; ou, ainda, se eventos internacionais levarem a uma grande alta do dólar, o gerente de projeto não poderá ser responsabilizado.

Desse modo, verifica-se que as premissas são formuladas de forma *afirmativa*, *viabilizando o projeto*, sendo necessário administrar apenas o risco de não serem verdadeiras.

Cuidado! Deve-se escrever nas premissas aquilo que contamos para viabilizar o projeto. Evite redação incorreta, como aquelas de teor adverso representadas na Figura 4.12. Elas podem dar margem a uma interpretação errada pelo patrocinador: mesmo que a carga seja perdida, mesmo que haja inundação, e ainda que a Receita Federal entre em paralisação, a promessa de tempo e de custo será mantida. Ora, nem sempre essa é a intenção do gerente de projeto e nem sempre isso será possível.

**Figura 4.12** Premissas de teor adverso que devem ser evitadas

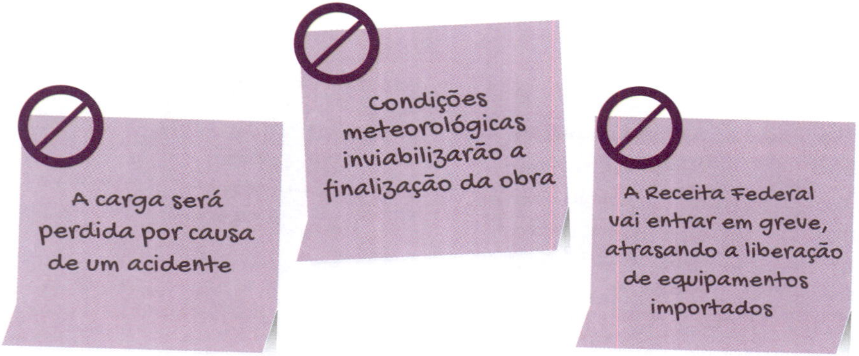


Fonte: elaborada pelo autor.

### 4.5.2 Grupo de entregas

Para gerar o produto, serviço ou resultado de um projeto é necessário pensar, primeiro, em seus componentes, isto é, as partes menores que, uma vez integradas, garantirão que o projeto seja concluído. Essas partes são chamadas de **entregas do projeto** e têm por característica serem tangíveis, palpáveis, mensuráveis e verificáveis.

De fato, cada hora ou minuto de trabalho realizado no projeto tem de estar a serviço de alguma entrega e contribuir para ela. Essa maneira bastante prática de enxergar as coisas pressupõe que todo trabalho no projeto, por menor que seja, deve levar à produção de algo concreto. Não existe trabalho "solto", porque a atividade sempre estará vinculada a uma entrega precisa.

Se, por exemplo, pensarmos no projeto de construção de uma casa, haverá entregas facilmente identificáveis:

- A fundação.
- A alvenaria.
- A cobertura.
- O acabamento.

Outras entregas são mais sutis e exigem um conhecimento profundo do trabalho a ser realizado para que se possa apontá-las:

- O licenciamento da casa e da construção junto às autoridades municipais.
- O contrato com o empreiteiro.
- O comissionamento da obra (o trabalho de mostrar ao cliente que tudo foi construído conforme requerido, que está tudo funcionando, e de passar a casa para as mãos e o controle do cliente).

Dada a necessidade de conhecimento detalhado para definir as entregas menos evidentes, o gerente de projeto perceberá, rapidamente, como é útil trazer para o time pessoas que tenham familiaridade com o trabalho técnico a ser realizado — normalmente, são os técnicos mais experientes da equipe. Aproveite esse momento para reconhecê-los e dar oportunidade para que contribuam ativamente no planejamento.

A seção *Dicas do especialista*, a seguir, explica como dividir o produto em entregas.

## DICAS do ESPECIALISTA

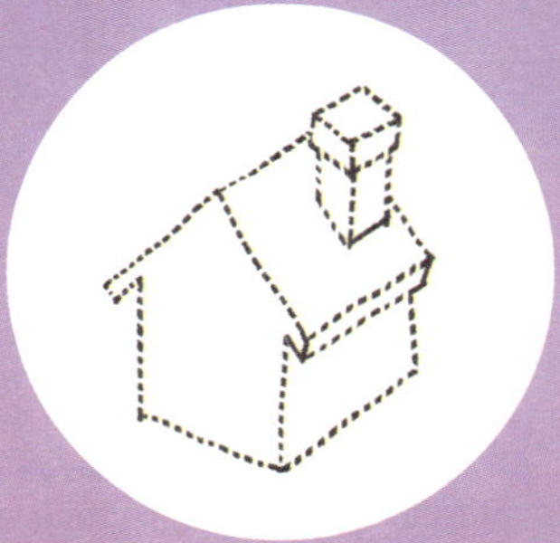

### O PRODUTO

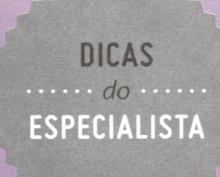

Inicialmente, enxerga-se o projeto concluído como um produto único.

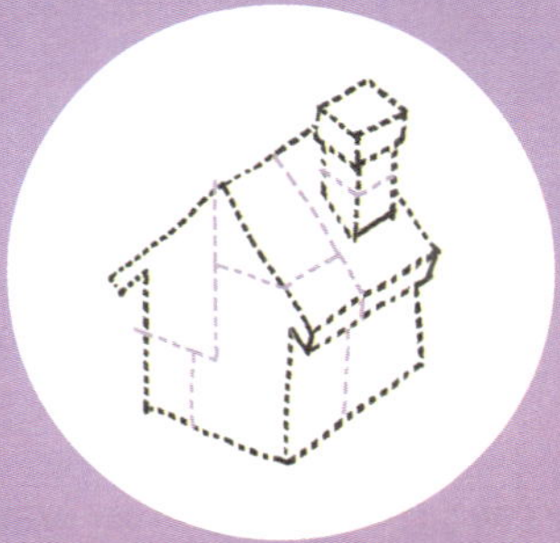

### A DECUPAGEM

O passo seguinte é compreender como o projeto poderá ser dividido em diferentes entregas.

### AS ENTREGAS

Finalmente, essas entregas serão atribuídas aos diferentes membros da equipe de acordo com as suas especialidades particulares.

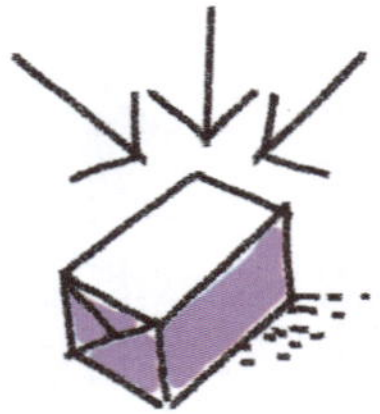

**Simplificar e agrupar as entregas pode tornar o projeto mais compreensível para os *stakeholders*.**

Em vez de se preocupar em ser exaustivo e em encher o canvas de entregas, tente focar nas mais relevantes e nos grandes grupos de entregas. Pense que você quer que os *stakeholders* entendam a lógica do projeto — e ninguém consegue vislumbrar e manter na cabeça um número excessivo de entregas durante o esforço de compreensão do modelo.

Utilizando uma analogia, o gerente de projeto deseja que os *stakeholders* enxerguem a floresta e não somente um agrupamento de árvores individuais. Seu esforço na construção do canvas é tornar visível o resultado daquilo que se vai produzir e a forma pela qual cada entrega se encaixa em relação às demais que serão realizadas.

Em síntese, na posição de gerente de projeto, siga as orientações da seção *Dicas do especialista*, a seguir, para montar seu canvas, e mantenha o número de entregas reduzido e adequado, mesmo que, para isso, seja preciso:

- simplificar;
- agrupar entregas pequenas em entregas maiores;
- organizar grupos de entregas.

**DICAS do ESPECIALISTA**

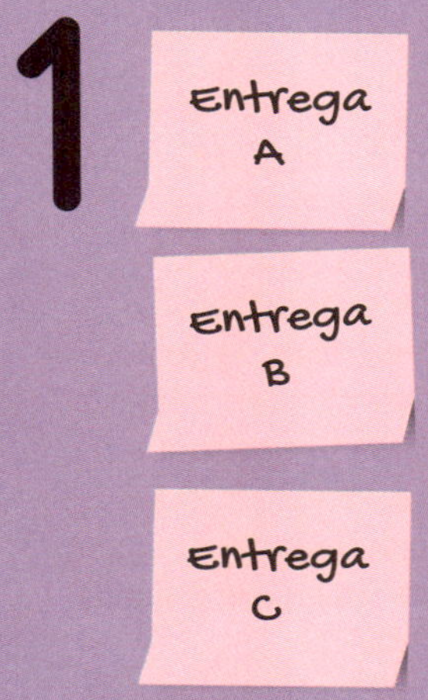


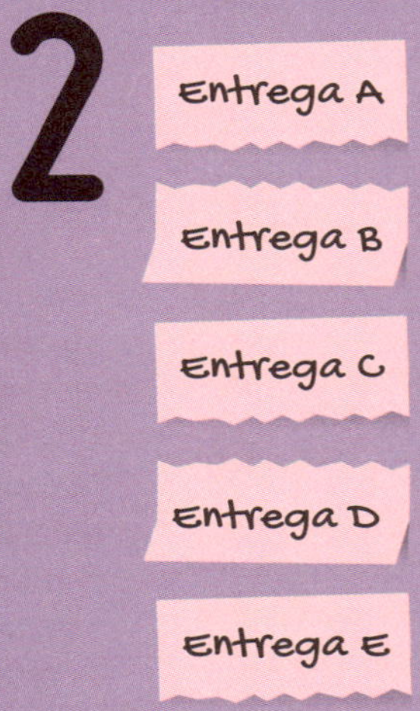


Ao contrário de outros campos do canvas, onde os post-its são colados livremente, no caso das entregas, deve-se manter o formato coluna. Isso vai facilitar a organização da linha do tempo mais adiante.

Uma maneira prática de ganhar espaço na coluna de entregas é cortar os post-its de tamanho original (10 cm x 7,5 cm), deixando-os com uma altura de 2,5 cm.

### 4.5.3 Restrições

As restrições se configuram em limitações de qualquer origem, impostas ao trabalho realizado pela equipe, que diminuem sua liberdade de opções. Algumas restrições são originadas em entidades externas, ao passo que outras emanam de membros da equipe ou de componentes internos ao próprio projeto.

Um projeto sem restrição nenhuma teria recursos infinitos e tecnologia perfeita — se não houvesse restrições, a viagem à Lua demoraria um minuto! Por outro lado, um número excessivo de restrições pode inviabilizar o projeto.

Além disso, é possível que, em dado momento, durante a execução do projeto, uma restrição se pronuncie mais do que as outras, tornando-se um gargalo que freia o avanço do projeto.

Assim, a equipe deve analisar quais restrições incidirão em que momentos do projeto e pensar em soluções viáveis que respondam a elas. Isso é fundamental para estimar a real velocidade em que o projeto se move, e, se necessário, aumentá-la ou diminuí-la.

**Uma dica para entender as restrições do projeto é se perguntar: Por que não podemos entregar o trabalho antes?**

Veja alguns exemplos de restrições:

- período em que o trabalho pode ser feito;
- quantidade de pessoas e de equipamentos que podem ser alocados;
- logística e movimentação de materiais e cargas;
- descarte de resíduos gerados pelo projeto;
- contratos que devem ser seguidos com determinados fornecedores homologados;
- dependências de início e término de uma entrega do projeto em relação a outras entregas;
- padrões tecnológicos a serem obrigatoriamente seguidos pela equipe.

Se, ao preencher o canvas, a equipe estiver com dificuldade de pensar em restrições, pode se autodesafiar fazendo a pergunta: Por que não podemos entregar o trabalho antes, na metade do prazo, por exemplo? Os motivos que emergirem serão as restrições do projeto.

Apesar do limite de espaço do post-it, recomendo que a equipe de elaboração do canvas evite redigir restrições vagas e incompletas, do tipo "remoção de entulhos". Uma descrição mais completa e correta seria: "A equipe de logística da obra só poderá remover os entulhos no período determinado pela Prefeitura do Rio de Janeiro, de segunda a sexta-feira, das 9h às 20h".

Esse exemplo revela os aspectos básicos presentes em uma restrição bem formulada e que, mesmo assim, pode caber em um post-it:

- deve ser específica;
- deve ser quantificada, sempre que possível;
- indica quem é limitado pela restrição;
- indica quem impõe a restrição.

COLABORANDO COM A EQUIPE PARA OBTER COMPROMISSOS DE PRAZO E ORÇAMENTO MESMO EM CONDIÇÕES DE INCERTEZA

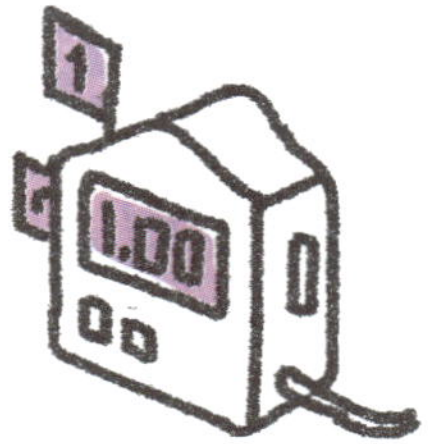


**Tempo, custos e riscos estão intimamente associados.**

## 4.6 QUANDO O PROJETO SERÁ CONCLUÍDO E QUANTO CUSTARÁ?

Vale a pena abrir um parêntese para esclarecer o motivo pelo qual as perguntas **Quando?** e **Quanto?** ficaram para o final na construção de nosso plano de projeto, uma vez que se encontram na última coluna do canvas, envolvendo os componentes **riscos, linha do tempo e custos**, e também para justificar o fato de aparecerem associadas, como se fossem "duas em uma".

Normalmente, as primeiras perguntas que o patrocinador faz são: "Quando?" e "Quanto?". Contudo, no canvas, são propositadamente deixadas por último, pois só podem ser respondidas com propriedade após alcançarmos as outras definições. Uma gestão eficaz prevê os custos e estima um cronograma somente depois de ter clareza sobre a causa que o projeto defende, o produto que será gerado, as pessoas que devem ser alocadas para o trabalho, como serão feitas as entregas etc.

Além disso, em termos de gestão, tempo e custo não podem ser dissociados. Não faz sentido fazer o acompanhamento financeiro de um projeto sem o acompanhamento físico, porque um perde o significado sem o outro. Cronograma e custo compartilham uma estrutura comum baseada nas entregas. Então, temos uma linha do tempo orientada por entregas e, da mesma forma, um orçamento decomposto em entregas, em que ambos compartilharão certa dose de incertezas.

O PM Canvas apresenta uma abordagem bastante simplificada do cronograma e do orçamento do projeto. No canvas são apresentadas ordens de grandeza da duração e do custo do projeto, apenas o suficiente para que possamos validar e integrar os elementos do plano.

É de se esperar que o canvas sirva de base de orientação para o desenvolvimento de um cronograma mais minucioso — a partir de uma ferramenta como o MS Project, por exemplo — e que planilhas de cálculos sejam elaboradas para o detalhamento do orçamento.

A equipe que elabora o canvas não deve se deter diante dos desafios e deve enfrentar com coragem e ousadia a tarefa de estipular durações, prazos iniciais e intervalo de valores para estimativas de custos do projeto. A equipe também pode usar a oportunidade do trabalho colaborativo para firmar importantes compromissos a respeito dos prazos e dos custos do projeto.

### 4.6.1 Riscos

Antes de mais nada, antecipo-me a uma pergunta que provavelmente instigará alguns leitores: Por que os riscos fazem parte desse bloco de questões?

Ora, porque sem dimensionar riscos, é impossível dizer de maneira segura quando um projeto vai terminar e quanto pode custar.

No momento em que o planejamento é feito, tanto o cronograma como o orçamento fazem parte das previsões sobre um futuro incerto. O grau de incerteza das respostas para **Quando?** e **Quanto?** é proporcional ao nível de risco do projeto.

Assim, embora a duração e o custo do projeto sejam expressos em números, sua precisão é ilusória — na verdade, o mais correto seria indicar custo e duração por meio de intervalos, e não de valores pontuais e exatos.

Traduzindo essa interdependência entre custo, duração e risco para o método do PM Canvas, podemos afirmar que, quanto maior for o nível de risco estimado, maior deverá ser o intervalo adicionado à linha do tempo, assim como a reserva financeira adicionada ao orçamento.

Mas o que são exatamente os riscos do projeto e como nos proteger deles?

#### 4.6.1.1 Definição de riscos

Quando concebemos um projeto, estamos descrevendo, com conhecimento limitado, uma série de ações que deverão ser feitas da presente data até a entrega do projeto. As ações e as situações futuras com que contamos estão envolvidas em razoável grau de incerteza. Porém, nem todas as incertezas são riscos.

Consideramos riscos aquelas incertezas que efetivamente importam e que podem afetar os objetivos do projeto. A melhor proteção contra isso é o ato sistemático de gerenciá-los. Assim, temos mais segurança de que os objetivos permanecerão próximos ao planejado.

Ao implantarmos um processo de gerenciamento de projetos, precisamos reconhecer o aspecto dual dos riscos do projeto: eles podem se configurar como ameaças ou como oportunidades. Inclusive, um mesmo evento pode significar ameaça para uns e oportunidade para outros.

Tomemos o exemplo de uma grande desvalorização da moeda nacional. Trata-se de uma ameaça para um projeto cujos insumos serão, em grande parte, importados, e que foi vendido por um preço fixo para o cliente, em moeda nacional. A desvalorização da moeda nacional fará com que a matéria-prima importada fique mais cara, sem que essa alta possa ser repassada ao cliente do projeto.

No polo contrário, a queda de valor da moeda nacional representa uma oportunidade para um projeto que foi vendido em moeda estrangeira, mas cuja mão de obra é toda paga em moeda nacional e cujos insumos também são comprados localmente. Nesse segundo cenário, o projeto vai aumentar sua receita em moeda nacional, sem que haja qualquer aumento de suas despesas, o que acarretará maiores ganhos para os proponentes.

É importante para o gerente de projeto implantar um mecanismo de gestão de riscos com processos comuns para ameaças e oportunidades. A mesma sistemática que faz a equipe identificar ameaças e responder a elas servirá também para capturar oportunidades e aproveitá-las em benefício dos objetivos do projeto.

#### 4.6.1.2 Processo de gerenciamento de riscos

O processo de gerenciamento de riscos se resume nas seguintes etapas:

1. Identificar os riscos.
2. Avaliar os riscos e destacar os mais relevantes.
3. Desenvolver respostas para os riscos mais relevantes.
4. Implantar as respostas.

Os dois últimos pontos são cruciais. Na prática, em que nos ajudará relacionar possíveis riscos se não tivermos à disposição medidas para mitigá-los?

Sendo o PM Canvas usado para conceber a lógica do projeto, não seria completo se não contemplasse os riscos. Por outro lado, temos que reconhecer que, na elaboração do canvas, nem todas as informações estão disponíveis. Portanto, o processo de gerenciamento de riscos deve continuar sendo executado, de maneira contínua e progressiva, após a finalização do canvas e durante todo o projeto.

Além disso, a equipe precisa perceber a diferença entre risco global e risco específico.

**Risco global do projeto**

**≠**

**Riscos específicos do projeto**

O **risco global do projeto** refere-se à capacidade de o projeto como um todo obter sucesso e atingir os objetivos para os quais foi criado. A **gestão do risco global do projeto** procede a uma avaliação geral, realizada no início do planejamento, sem mergulhar nos detalhes. O resultado é uma análise destinada aos patrocinadores, que podem reequilibrar o projeto alterando a abordagem de implementação, o escopo, o prazo, o custo ou as reservas. Essa análise indica a probabilidade de que se devolva aos *stakeholders*, na forma de valor, tudo o que foi investido. Assim, uma das decisões tomadas pode até mesmo ser o cancelamento do projeto, caso os níveis de risco não estejam adequados à política da organização.

Já os **riscos específicos do projeto** são frutos de uma avaliação feita em dado momento, olhando para o futuro do projeto e identificando possíveis ocorrências específicas que podem afetar o trabalho. Podem, de fato, estar relacionados a inúmeros fatores, como aos equipamentos e materiais que serão utilizados, ao design do produto, a falhas que podem acontecer na obtenção de matérias-primas e assim por diante.

Portanto, a **gestão dos riscos específicos do projeto** vasculha em detalhes os componentes internos do projeto, destaca individualmente os riscos mais significativos e desenvolve respostas para cada um deles. Os riscos específicos devem ser identificados e respondidos desde o início do projeto até sua finalização, pois sempre podem surgir novos riscos que precisam ser individualmente identificados e solucionados.

No PM Canvas, tanto o risco global como os riscos específicos do projeto são registrados em post-its.

A avaliação do risco global deve ser feita com cuidado, foco e atenção, pois servirá, mais adiante, como ponto de partida para o processo de integração, destinado a ajustar e reequilibrar todos os componentes do canvas.

A identificação dos riscos específicos, por sua vez, será apenas o começo de um processo que deverá ser contínuo. No momento de elaboração do canvas é esperado que apenas uma parte dos riscos específicos estejam visíveis no momento de concepção do projeto.

Para que a diferença entre o risco global e os riscos do projeto final fique mais clara, vamos imaginar como projeto concreto a realização do congresso mundial de uma especialidade médica, em um país que nunca recebeu esse tipo de evento. Pois bem, a avaliação de risco global do projeto é a seguinte: risco alto, concentrado nas áreas de logística e infraestrutura. A partir desse diagnóstico global, os patrocinadores tomarão a decisão de continuar ou não com o projeto. Já a avaliação de dois dos principais riscos específicos do projeto são:

- **Risco específico A**: os participantes não conseguem agendar suas viagens.
  - Causa: poucos voos e assentos disponíveis para determinada cidade.
  - Efeito: baixo número de participantes e perda de patrocínio.
  - Probabilidade: alta.
  - Impacto: alto.
  - Resposta possível: negociar voos extras fretados com as companhias aéreas saindo das principais capitais mundiais.
- **Risco específico B**: falta de salas para abrigar as palestras.
  - Causa: poucos locais na cidade atendem ao padrão internacional e são muito disputados.
  - Efeito: nem todos os *papers* poderão ser apresentados e os participantes verão menos palestras do que desejavam.
  - Impacto: alto.
  - Probabilidade: de média para alta.
  - Resposta possível: aumentar a antecedência de reserva dos locais disponíveis e construir salas móveis.

### *Representação do risco global do projeto no canvas*

A avaliação do risco global do projeto será feita com o apoio de uma tabela impressa em branco — para facilitar. Os participantes devem entrar em acordo sobre a classificação do risco em cada categoria.

Veja na Tabela 4.2 um exemplo de tabela de avaliação de risco global.

**Tabela 4.2** Nível de risco global por categoria

| CATEGORIAS DE RISCOS | | BAIXO | MODERADO | ALTO | MUITO ALTO |
|---|---|---|---|---|---|
| 1 | Ritmo do projeto | | | | |
| 2 | Disponibilidade dos recursos (humanos e financeiros) | | | | |
| 3 | Estabilidade da tecnologia | | | | |
| 4 | Complexidade do trabalho | | | | |
| 5 | Envolve processos organizacionais críticos | | | | |
| 6 | Saúde, segurança e meio ambiente | | | | |
| 7 | Adesão dos stakeholders | | | | |
| 8 | Definição e entendimento do trabalho | | | | |
| 9 | Competência/experiência da equipe | | | | |
| 10 | Subcontratados | | | | |
| | **AVALIAÇÃO DE RISCO GLOBAL DO PROJETO** | | | | |

Fonte: elaborada pelo autor.

A equipe deverá registrar a avaliação do risco global em um post-it grande ou extragrande, destacando apenas as categorias de maior risco. Para a formulação do canvas baseada no exemplo da Tabela 4.2, note que a classificação do nível de risco global será a mesma da categoria de risco mais elevado. Portanto, mesmo que sete categorias tenham sido classificadas como de risco baixo, o risco global do projeto é alto, como mostra a Figura 4.13.

**Figura 4.13** Exemplo de post-it com registro da avaliação do risco global

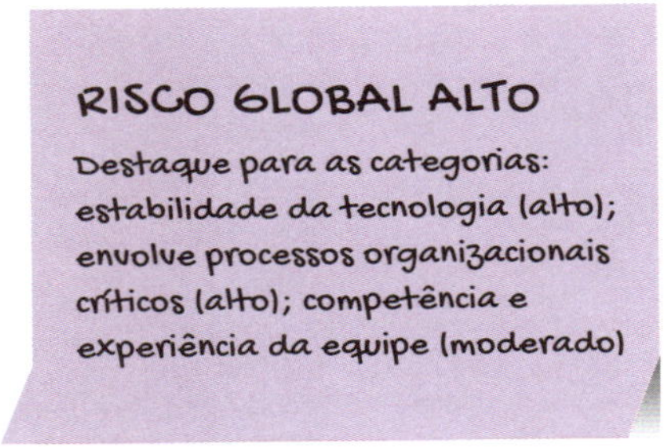
RISCO GLOBAL ALTO
Destaque para as categorias:
estabilidade da tecnologia (alto);
envolve processos organizacionais
críticos (alto); competência e
experiência da equipe (moderado)

Fonte: elaborada pelo autor.

### *Tratamento dos riscos específicos do projeto no canvas*

De maneira colaborativa, a equipe deve investir um tempo para identificar os riscos específicos internos ao projeto, mas esse processo não deve ser feito apenas *pro forma* ou para "cumprir tabela".

Uma boa maneira de proceder é examinar os componentes já colocados no canvas até esse momento, detendo-se naqueles que parecerem apresentar riscos significativos. Em seguida, transcreva aqueles que julgar mais relevantes para post-its individuais.

É importante refletir sobre como redigir os riscos para não tornar o exercício inútil. Recomendo que sejam escritos no formato **causa – risco – efeito**, com um post-it grande para cada risco individual, como mostra o *Dicas do especialista* a seguir.

## DICAS do ESPECIALISTA

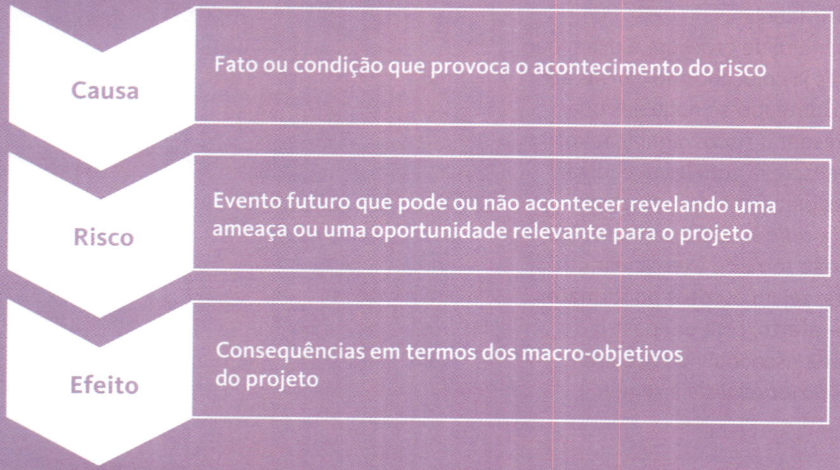

Causa
Fato ou condição que provoca o acontecimento do risco
Risco
Evento futuro que pode ou não acontecer revelando uma ameaça ou uma oportunidade relevante para o projeto
Efeito
Consequências em termos dos macro-objetivos do projeto


Fonte: elaborada pelo autor.

### CAUSA

Fato sobre o projeto ou sobre o ambiente do projeto.

### RISCO

Falha ou oportunidade que, se ocorrer, afetará o objetivo do projeto.

### EFEITO

Reação ou impacto gerado nos objetivos do projeto.

**Figura 4.13** Formas erradas de escrever os riscos

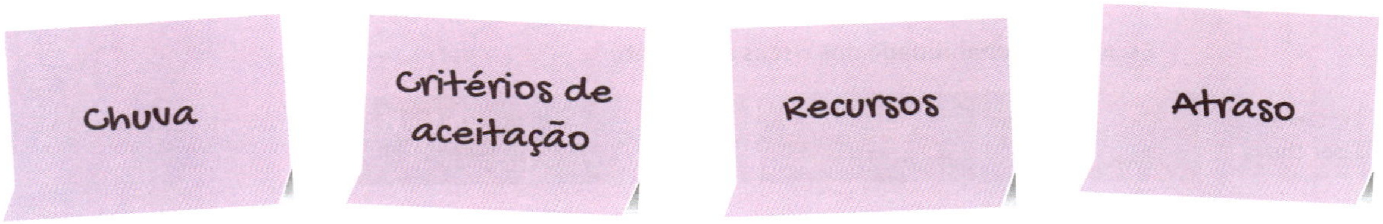


Fonte: elaborada pelo autor.

É muito comum confundir conceitos quando a redação é "preguiçosa" e não diferencia causa, risco e efeito, como mostra a Figura 4.14.

Entretanto, a forma mais adequada de indicar esses riscos específicos no canvas seria:

- **Causa:** ocorrência de chuvas além do que foi previsto inicialmente.
- **Risco:** trabalho na obra interrompido por longos períodos de chuva.
- **Efeito:** atraso da obra.

Em relação ao post-it **critérios de aceitação**, a forma mais completa de redação seria:

- **Causa:** os critérios de aceitação do produto final do projeto não estão bem-escritos.
- **Risco:** o cliente se negar a assinar o produto final do projeto.
- **Efeito:** dano na reputação da organização promotora perante seu cliente e aumento de custo em decorrência do retrabalho.

Depois de redigir os riscos específicos da maneira adequada, use a classificação da probabilidade de cada risco ocorrer — esse tipo de classificação ajudará os participantes da sessão de concepção do PM Canvas a priorizar quais riscos são mais relevantes e merecem uma resposta ainda no planejamento. Sugiro que, da mesma maneira, utilizem uma escala para os impactos negativos dos riscos.

**Figura 4.15** Classificação dos riscos do projeto de acordo com a chance de ocorrerem

| Escala de probabilidade dos riscos do projeto | | | | |
|---|---|---|---|---|
| Risco. Ex: Obra paralisada por chuva | BAIXA 1 | MODERADA 3 | ALTA 6 | MUITO ALTA 10 |

**Utilize uma escala similar para os impactos negativos dos riscos:**

| Escala de impacto negativo do risco | | | | |
|---|---|---|---|---|
| Sobre o objetivo do projeto | Baixo 1 | Moderado 3 | Alto 6 | Muito Alto 10 |
| Sobre os custos | Aumento de até 5% | Aumento de 5,01% até 10% | Aumento de 10,01% a 20% | Aumento acima de 20,01% |
| Sobre o cronograma | Atraso de até 5% | Atraso de 5,01% até 10% | Atraso de 10,01% até 30% | Atraso acima de 30,01% |
| Sobre o escopo | Redução imperceptível | Partes pouco importantes afetadas | Sistemas críticos afetados | Produto final não serve para o cliente |
| Sobre a qualidade | Degradação imperceptível | Degradação de itens não prioritários | Degradação de qualidade significativa | Produto final sem uso |

Fonte: elaborada pelo autor.

Você deve ter observado que a escala das tabelas anteriores não é linear. De fato, isso é proposital, já que o objetivo é dar maior peso a eventos com alta probabilidade, em detrimento de eventos com baixa probabilidade.

Posteriormente, os números atribuídos à probabilidade e ao impacto dos eventos de risco serão combinados e, dependendo do resultado, uma estratégia de resposta diferente será adotada. Por exemplo, riscos com impacto alto e probabilidade alta devem ser prevenidos, enquanto riscos com probabilidade baixa e impacto baixo podem ser aceitos passivamente — o assunto será abordado detalhadamente mais adiante, no Capítulo 5.

Mas, por enquanto, tudo o que a equipe precisa fazer é registrar na parte inferior dos posts-its a probabilidade de cada risco ocorrer e o nível de impacto sobre o projeto.

O impacto dos riscos específicos deve ser avaliado tomando como base o impacto em cada um dos objetivos do projeto. No caso de os impactos terem níveis diferentes, adotamos, por conservadorismo, o impacto mais grave.

Assim, o componente **riscos**, no canvas, constando na parte de baixo dos papéis autocolantes, registra a probabilidade de ocorrência e o grau de impacto daquele risco.

**Figura 4.16** Forma correta

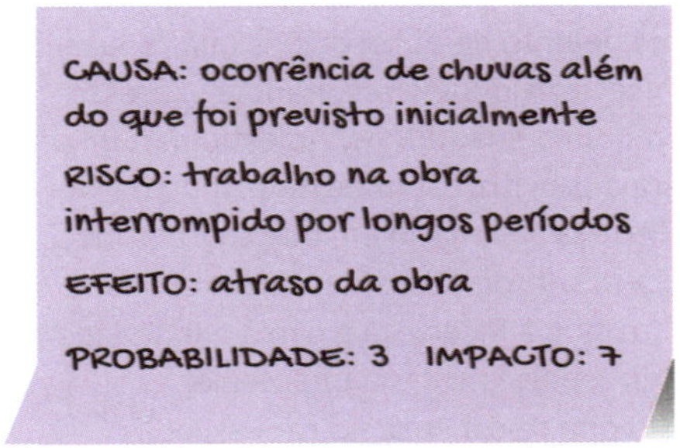
CAUSA: ocorrência de chuvas além do que foi previsto inicialmente
RISCO: trabalho na obra interrompido por longos períodos
EFEITO: atraso da obra
PROBABILIDADE: 3 IMPACTO: 7

Fonte: elaborada pelo autor.

### 4.6.2 Linha do tempo

Quanto tempo vai durar um projeto? Essa é, talvez, a pergunta mais dramática no planejamento.

Cronogramas são quase como obras de ficção científica. O prazo de um projeto é a somatória do "chute" de duração dado para cada um dos múltiplos fragmentos de trabalho do projeto, alguns do quais nunca fizemos e estão a cargo de pessoas que ainda não sabemos quem são, com disponibilidades que desconhecemos.

**Não é fácil estimar a duração de um projeto: os cronogramas são quase como obras de ficção.**

Muitos gerentes de projeto e patrocinadores acreditam que o aumento na precisão (nível de detalhamento) com que as tarefas são descritas aumenta proporcionalmente a acurácia da previsão de duração do projeto.

Infelizmente, isso não é verdade: o cronograma é um modelo do futuro; quanto mais simples o mantivermos, melhor.

No entanto, qual é a pior resposta que poderíamos dar com relação ao prazo do projeto? *Eu não sei!* Não estipular um prazo para o projeto é simplesmente inaceitável.

Quando falamos que não sabemos quanto tempo vai durar um projeto, o grau de incerteza é máximo. Nessas condições, nenhuma decisão de negócio pode ser tomada. Por outro lado, não podemos pensar que é necessária precisão absoluta para compromissar prazos.

O prazo de projeto pode ser estabelecido por meio de uma medição baseada no julgamento das pessoas que estão elaborando o canvas e de acordo com a quantidade de informação que já possuem.

Hubbard[3] define medição como sendo um conjunto de observações que reduzem a incerteza, onde o resultado é expresso como uma quantidade. Ao estipular um prazo para o projeto, estamos reduzindo o nível de incerteza até o grau em que algumas decisões podem ser tomadas. Mas, note: estamos reduzindo a incerteza e não a eliminando por inteiro, pois isso seria impossível.

O que se constrói no canvas, no componente **linha do tempo**, não se parece com um cronograma convencional. Trata-se, antes, de uma lista de compromissos.

Compromisso é uma data-limite definida para que sejam produzidas determinadas entregas. Se um compromisso estiver fixado no dia 15 de fevereiro, por exemplo, não significa que o responsável só fará seu trabalho nessa data, nem que realizará a entrega necessariamente nesse dia, apenas que ele sabe que esse é o limite temporal máximo para a entrega.

Mas e durante a execução, não precisaremos de mais detalhes?

Sim, um cronograma mais detalhado pode ser feito seguindo fundamentos da prática de gerenciamento de projetos. Você encontrará mais informações sobre os cuidados para derivar um cronograma a partir do PM Canvas no Capítulo 6.

Um cronograma apresenta um nível a mais de detalhamento em relação ao canvas, especificando a coordenação de trabalho entre os diversos recursos (pessoas e equipamentos) existentes no projeto.

Entretanto, mesmo no cronograma, tome cuidado para não exagerar no nível de detalhes. O cronograma é um boneco simplificado da realidade, não a própria realidade. Você olha para o boneco apenas para ter uma visão abrangente e esquemática da realidade.

Um cronograma fornece ao gerente o fluxo de trabalho entre os grupos de recursos e permite notar como o trabalho é passado de determinado recurso para os demais. O cronograma não é um *checklist* (lista de verificação) que serve para lembrar o trabalho a ser feito e que aparece nas tarefas que constam nas instruções de trabalho dos técnicos.

---

[3] HUBBARD, D. W. *How to measure anything*: finding the value of "intangibles" in business. New York: John Wiley & Sons, 2007.

### 4.6.2.1 O mundo das tarefas e o mundo do compromisso

Aprendi com Goldratt[4] que a precisão de uma estimativa de duração é frágil. A gestão da execução aproxima a realidade e a estimativa. Se, por princípio, qualquer prazo dado a um projeto é irreal, a gestão da execução torna o prazo realista. Um dos quesitos para uma boa execução é mudar o estado mental da equipe, passando da orientação por tarefas à orientação por compromisso de resultado, como mostra a Tabela 4.3.

**Tabela 4.3** Dois estados mentais da equipe: tarefa e compromisso

| ESTADO MENTAL "TAREFA" | ESTADO MENTAL "COMPROMISSO DE RESULTADO" |
|---|---|
| A soma das durações das tarefas determina o compromisso que pode ser assumido | As tarefas são subordinadas ao compromisso |
| A duração tem de ser respeitada | A data de término tem de ser respeitada |
| Faça sua própria tarefa no prazo e os outros que tratem de cumprir seus prazos | Fazemos coalizões e parcerias para atender o compromisso de entrega |
| O prazo técnico está no comando, os demais são subordinados a ele | As tarefas são readaptadas para atender ao compromisso |
| A duração de nossa tarefa é fixa; se os outros atrasarem, nós atrasaremos também | Todos monitoram seus parceiros, trocam informações e se reajustam para cumprir a data final |
| O trabalho se expande para aproveitar a duração máxima dada | O trabalho é simplificado para atender a data de compromisso |
| Técnicos listam atividades que devem ser feitas para produzir a entrega | Sem punições por não cumprir tarefas, o foco recai na entrega, no final no compromisso |

Fonte: elaborada pelo autor.

4 GOLDRATT, E. M. *Critical chain*. Great Barrington: North River Press, 1997.

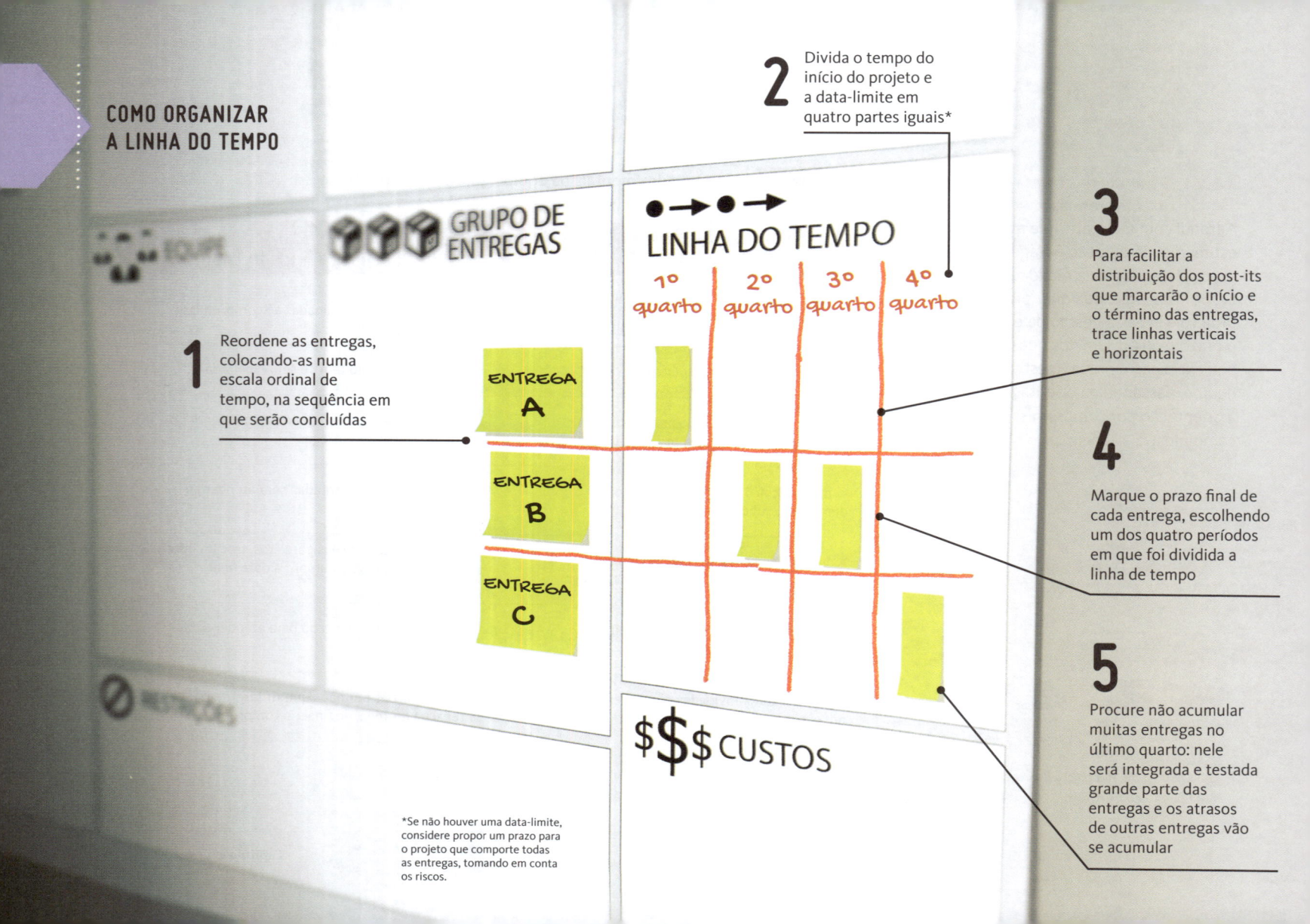

## COMO ORGANIZAR A LINHA DO TEMPO

**1** Reordene as entregas, colocando-as numa escala ordinal de tempo, na sequência em que serão concluídas

**2** Divida o tempo do início do projeto e a data-limite em quatro partes iguais*

**3** Para facilitar a distribuição dos post-its que marcarão o início e o término das entregas, trace linhas verticais e horizontais

**4** Marque o prazo final de cada entrega, escolhendo um dos quatro períodos em que foi dividida a linha de tempo

**5** Procure não acumular muitas entregas no último quarto: nele será integrada e testada grande parte das entregas e os atrasos de outras entregas vão se acumular

*Se não houver uma data-limite, considere propor um prazo para o projeto que comporte todas as entregas, tomando em conta os riscos.

Mas como mudamos o estado mental da equipe?

Em vez de fornecer instruções detalhadas das atividades, envolvemos os formadores de opinião da equipe na elaboração do canvas e, em conjunto, estabelecemos compromissos sobre entregas que podem ser concluídas em cada quarto do projeto.

*A linha do tempo dividida em quartos*

Para não postergar demais o estabelecimento de compromissos de datas, devido às excessivas quantidades de opções e análises detalhadas pendentes, e a fim de ajudar a equipe que está montando o canvas a vencer o dilema da estagnação, sugiro uma estratégia simplificadora: a divisão da linha do tempo do projeto em quatro partes.

### 4.6.3 Custos

No PM Canvas, em vez de calcular com precisão e detalhes o valor do orçamento do projeto, preferimos estimá-lo de maneira resumida, identificando os custos por entrega ou grupos de entrega.

Podemos também, de maneira aproximada, decompor os custos de cada pacote de trabalho em alguns elementos, incorporando ao total do projeto, no final, uma reserva proporcional ao seu risco, como mostra a Figura 4.16.

**Figura 4.16** Custo do projeto

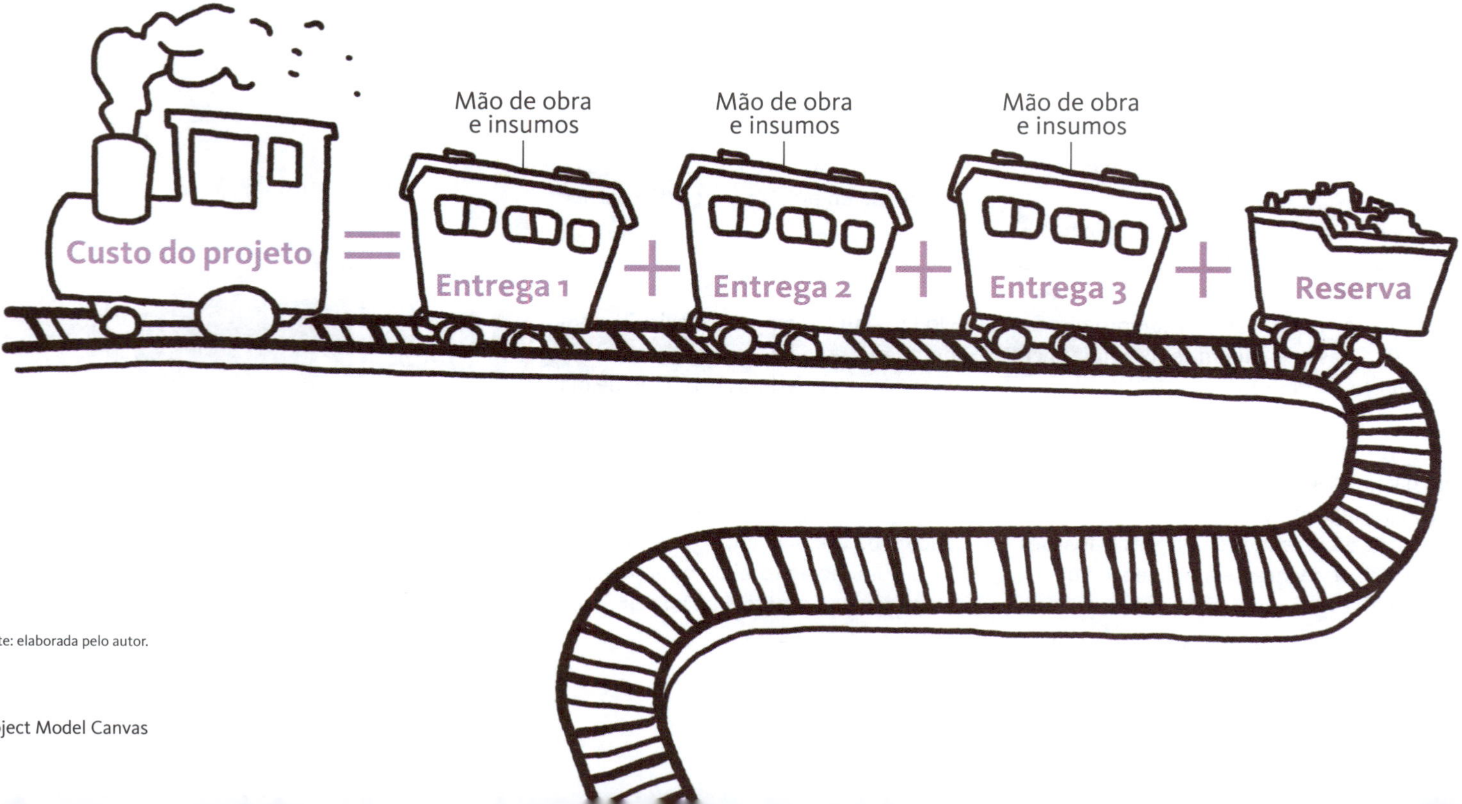


Fonte: elaborada pelo autor.

No momento de elaboração do canvas, o mais importante é que a equipe pense de maneira integrada sobre o orçamento, não sendo ainda necessário firmar um valor exato e definitivo para ele.

O resultado pode ser apresentado em termos de ordem de grandeza, ou, melhor ainda, na forma de um intervalo de possíveis valores para o orçamento, convidando a equipe a repensá-lo com maior precisão posteriormente.

Tenha sempre em mente a regra KISS, tão popular entre os gerentes de projeto: *keep it simple, stupid!* (traduzida para o português seria algo como: "Simplifique as coisas, idiota!"). Apesar da aparente agressividade da expressão, contém uma sugestão preciosa: apresentar os custos de modo que até os menos experientes da equipe sejam capazes de entender.

Visando à simplificação, recomendo que o custo de projeto seja calculado da seguinte forma:

- » Estruturado por entregas.
- » O custo de cada entrega pode ser desdobrado em elementos de custos, como mão de obra e insumos.
- » Os riscos precisam ser analisados e, se forem elevados, aumenta-se proporcionalmente a reserva de contingência.

Outra escolha recorrente para a decomposição dos elementos de custo do projeto engloba três categorias:

1. Trabalho.
2. Materiais.
3. Contratações.

Essas são apenas sugestões, pois cada equipe pode personalizar os elementos de custos nos quais as entregas serão decompostas de acordo com as especificidades do projeto e com a cultura organizacional.

# 5

## INTEGRAR

# ENTENDENDO AS CONEXÕES DO MODELO MENTAL

## 5.1 COMO "COSTURAR" UM PLANO DE PROJETO?

Durante muito tempo, vi alunos em cursos de gerenciamento de projetos fazendo planos de projeto em equipe da seguinte forma: cada um ficava incumbido de elaborar um dos artefatos que constituem um plano convencional, como a declaração de escopo, o cronograma ou o orçamento.

O resultado era quase sempre catastrófico. Aquilo que se afirmava no cronograma revelava-se inconsistente com o orçamento, por exemplo, e outros documentos eram incompatíveis entre si. O que faltava ali era a função de integração, ou seja, a amarração dos diversos componentes, de modo que fizessem sentido uns em relação aos outros, e em conjunto.

O nosso canvas também não é imune a inconsistências, uma vez que é resultado da interação de pessoas, de um fluxo de ideias, pensamentos e debates, a princípio, gerados separadamente na elaboração de cada um dos blocos de componentes.

O processo de integração vai tornar o modelo mental representado no canvas mais forte. Ele será feito por meio de amarrações de dois ou três blocos por vez, dando uma segunda chance de a equipe articular e agrupar melhor suas ideias.

É interessante que a etapa de integração seja feita imediatamente após o término da etapa de concepção, porque a equipe ainda está "aquecida", com o problema em mente.

# AÇÕES DE VERIFICAÇÃO TORNAM O PLANO MAIS FORTE

### 5.1.1 Protocolo de integração

A metodologia Project Model Canvas (PM Canvas) fornece um **protocolo de integração**, que consiste em um conjunto de verificações predeterminadas, feitas em uma sequência coesiva.

Neste capítulo, apresentamos o passo a passo desse protocolo. Cada etapa corresponde a uma pergunta principal que, dependendo da resposta, pode acarretar ajustes no plano do projeto. Porém, nada impede os praticantes de o enriquecerem com novas integrações não abordadas aqui.

## PASSO 1 Os pontos mencionados nas justificativas foram sanados e os problemas que originaram o projeto foram solucionados?

O primeiro lugar em que vamos verificar isso é no bloco **benefícios**. Devemos checar se algum benefício gerado combate, de fato, o problema mencionado no bloco **justificativas**.

A solução pode estar também nos **requisitos** do produto ou até mesmo em uma **entrega**. Não importa onde esteja no canvas, o que importa é que todos os problemas mencionados no primeiro bloco devem ser resolvidos nos demais blocos do canvas.

## PASSO 2 O objetivo se revela suficiente e necessário?

Verifique se a realização do **objetivo** mencionado no primeiro bloco é suficiente para superar o passado descrito nas **justificativas** e atingir a situação futura almejada no bloco **benefícios**.

Analise se falta enriquecer o **objetivo SMART** com alguma menção relevante e, em seguida, veja se tudo o que foi mencionado nesse componente é realmente necessário para a obtenção dos benefícios. Existe alguma coisa que foi agregada ao **objetivo SMART**, mas parece não estar ligada ao objetivo? Seria o caso de enriquecer a **justificativa** e os **benefícios** com esse elemento ou de removê-lo do **objetivo SMART**? Responda com calma a essas perguntas, olhando para os post-its do canvas.

## PASSO 3 Todos os requisitos "têm dono" e definem o produto?

Aqui, outro conjunto de questões deve ser formulado: Cada requisito mencionado refere-se ao produto descrito? Se a resposta a essa pergunta for negativa, será que se trata mesmo de um requisito ou é apenas uma restrição malposicionada no bloco **requisitos**? Existe algum produto do projeto que não foi mencionado nesse componente? O "dono" de algum requisito está listado no campo ***stakeholders* externos**? Nesse caso, é bem provável que ele seja o cliente do projeto. Então, anote essa identificação no componente ***stakeholders* externos**.

Há mais de um "dono" de requisitos? Caso haja, numere-os para poder relacionar quem é o responsável por eles. E, ainda, uma última compatibilização: observe se os requisitos estão ordenados no canvas de acordo com a prioridade. Se não estiverem, trate de priorizá-los.

## PASSO 4 Estão subordinados ao projeto aqueles que precisam estar?

Em primeiro lugar, cheque se o patrocinador do projeto está identificado e se foi posicionado na esfera de influência do gerente de projeto. Isso é altamente desejável, pois, na eventualidade de falta de recursos, o gerente terá de recorrer ao patrocinador, seja para prevenir a perda de recursos, seja para solicitar maior aporte de recursos ao projeto.

É igualmente importante verificar se o cliente do projeto está devidamente indicado. Observe, então, se o papel do gerente de projeto está destacado na equipe.

A próxima pergunta a responder é: Existe alguém incluído na equipe que não contribui para, pelo menos, um dos grupos de entregas?

É recomendável que os post-its do componente **equipe** sejam individualmente relacionados com os post-its das **entregas**. Se preciso, numere os posts-its de um e de outro bloco, para estabelecer relações e referências entre eles.

Como já afirmei anteriormente, para diminuir o risco do projeto, os responsáveis pelas principais entregas devem estar dentro da esfera de controle do gerente de projeto.

Quando isso não é possível, o projeto pode acabar prejudicado. Compare, na Figura 5.1, a duração do projeto A, no qual os recursos humanos estão subordinados ao gerente, e aquela do projeto B, em que alguns dos membros da equipe estão fora de sua influência. Fica mais difícil prever qual a duração do projeto quando parte dos recursos humanos desaparece (para trabalhar em outro projeto) por tempo indeterminado.

**Figura 5.1** Influência da equipe sobre o cronograma

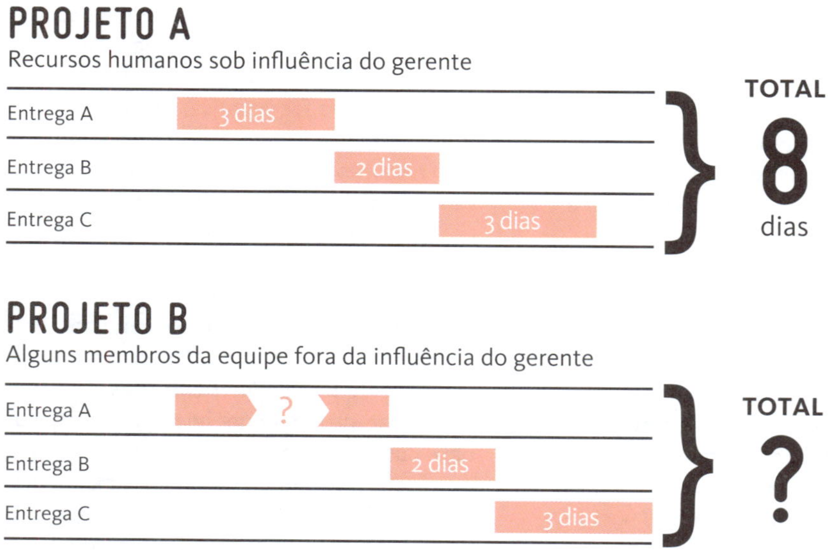


Fonte: elaborada pelo autor.

## PASSO 5 Obtivemos convergência formulando premissas válidas?

Quando se está no presente e se olha para o futuro, vislumbram-se infinitos cenários para o projeto. Como já afirmei antes, ao escrever premissas, estamos reduzindo cenários e afirmando para os *stakeholders* que somente nessas condições nosso plano vai funcionar.

Para verificar se suas premissas estão bem-formuladas e abrangentes, antes de mais nada, você deve questionar cada um dos posts-its do bloco ***stakeholders* e fatores externos**.

O que será provido pelos *stakeholders* externos ao projeto? No âmbito de quais parâmetros dos fatores externos nosso plano vai funcionar? Tudo isso tem de estar registrado como premissa. Caso não esteja, esse é o momento de acrescentar post-its ao canvas.

Qual deve ser o comportamento dos *stakeholders* externos ao lhes passarmos as entregas ou o produto final? Essa resposta também é fonte de premissas.

Fatores tecnológicos importantes e de produtividade da mão de obra foram lembrados? Quais premissas faltam escrever sobre eles?

Quais são as condições iniciais para que o trabalho no projeto possa começar? Quem deve prover a condição inicial? Não apenas as condições iniciais precisam estar listadas como premissas, como o responsável por providenciá-las deve vir relacionado como ***stakeholder* externo**.

Quem são os *stakeholders* que liberam recursos para o projeto? Eles estão todos identificados? As condições de liberação e alocação dos recursos estão documentadas como premissas?

Por fim, convém revisar a redação das premissas — que nem sempre está completa.

## PASSO 6 As limitações aplicáveis ao trabalho estão identificadas na forma de restrições?

Já afirmei anteriormente que tudo o que limita a equipe e seu trabalho deve estar listado como **restrição**. Para que o plano de projeto fique consistente, cada uma das restrições deve ser relacionada a pelo menos um desses elementos:

- um ou mais membros da equipe;
- uma ou mais entregas do projeto;
- ao projeto como um todo.

Portanto, para realizar a integração desse bloco, percorra cada restrição escrita nos posts-its e se pergunte sobre quais membros da equipe recai, a quais entregas se refere ou se pode ser aplicada ao projeto inteiro.

Também é possível fazermos da maneira inversa: repassamos cada entrega e tentamos pensar se não está faltando nenhuma restrição significativa vinculada a ela. Se estiver, acrescentamos ao canvas.

Inventariamos, em seguida, o componente **equipe**, perguntando se existe algo que limita cada papel específico e que mereça ser mencionado.

Algumas restrições se constituem em verdadeiros gargalos do projeto. É fácil identificar tais restrições-gargalo, pois, se as removêssemos, simplesmente conseguiríamos fazer o projeto em menos tempo e/ou com muito mais facilidade.

Potencialmente, poucas restrições podem ser candidatas a gargalo em cada momento do ciclo de vida do projeto. Identifique-as no canvas.

Uma última verificação a fazer, nesse bloco, é se porventura não escreveu como restrição algo que, na verdade, é requisito do produto.

**Tudo o que limita a equipe e seu trabalho deve estar listado como restrição.**

## PASSO 7 Os riscos cobrem o que já sabemos do projeto e vislumbram, ao mesmo tempo, o que ainda não sabemos?

Como já deve ter ficado claro a essa altura, o protocolo de integração preocupa-se com informações já existentes no canvas, checando sua consistência, seu posicionamento correto nos blocos e suas relações com outros elementos do projeto.

No caso dos riscos, o primeiro lugar a inventariar é o bloco das **premissas**. Toda premissa gera ao menos um risco, o qual é exatamente sua negação: a possibilidade de a premissa ser falsa.

Se, por acaso, o risco atribuído às premissas for muito elevado (alta probabilidade, alto impacto), é o caso de considerar a remoção daquela premissa e modificar o plano de projeto.

Outro ponto importantíssimo são as entregas. Nesse item se concentra todo o trabalho realizado no projeto e também a maior parte do risco. O aconselhável, nesse caso, é fazer um brainstorming, entrega por entrega, relacionando os riscos pertinentes no canvas.

Baseados no impacto e na probabilidade atribuídos a cada risco, implantaremos (ou não) ações que podem modificar o canvas. A Figura 5.2 pode ajudar nesse momento. Para cada risco, fazemos o cruzamento de uma linha (nível de probabilidade), com uma coluna (nível de impacto). Desse modo, determinamos qual a melhor estratégia para lidar com aquela ameaça.

De acordo com o resultado obtido para cada risco, aplicam-se as estratégias apropriadas. Vale ressaltar que a padronização das estratégias que utilizo foi inspirada na prática adotada por um de meus clientes, uma empresa do ramo de construção, cujas estratégias me pareceram acuradas.

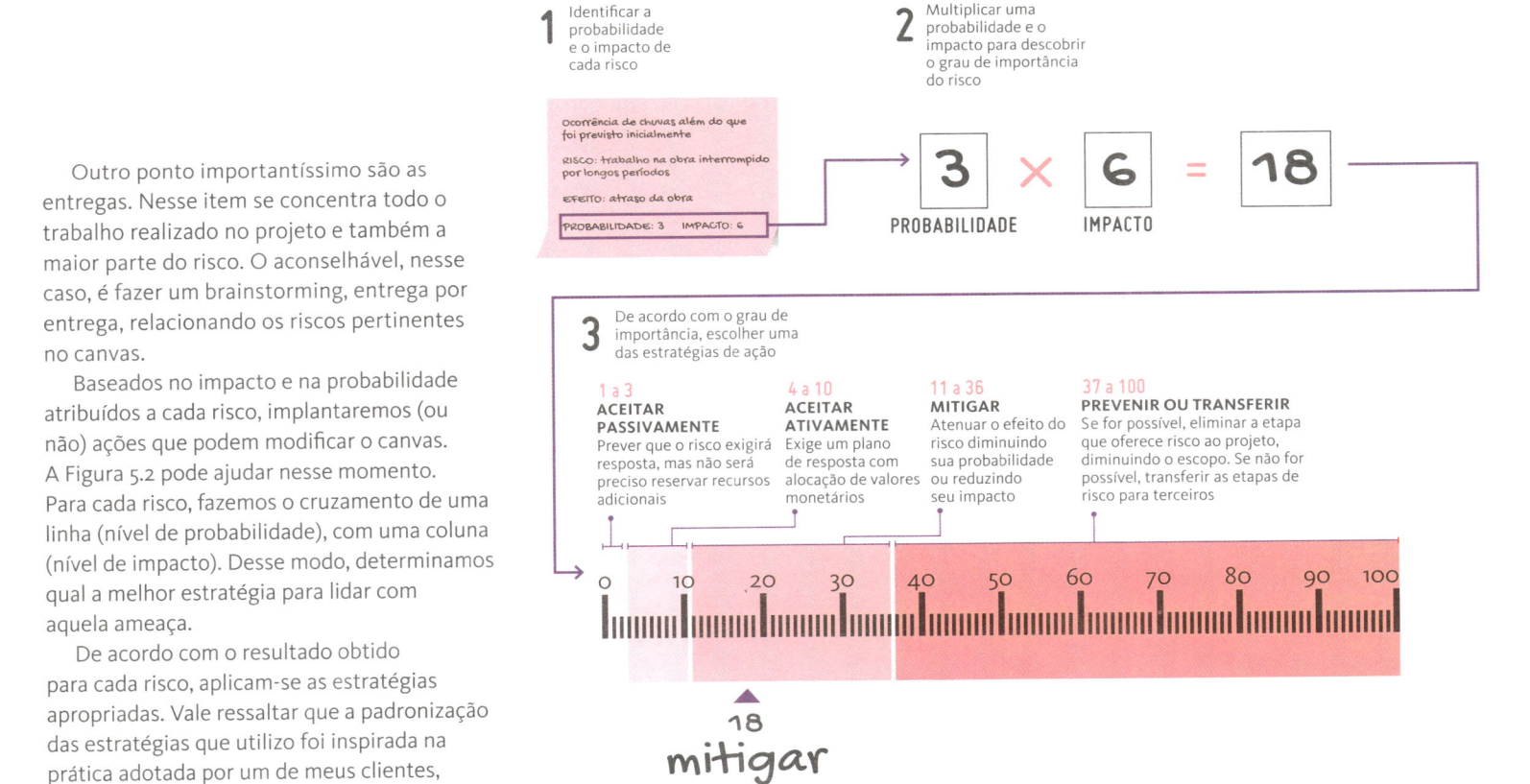

**Figura 5.2** Como definir a estratégia de acordo com o risco

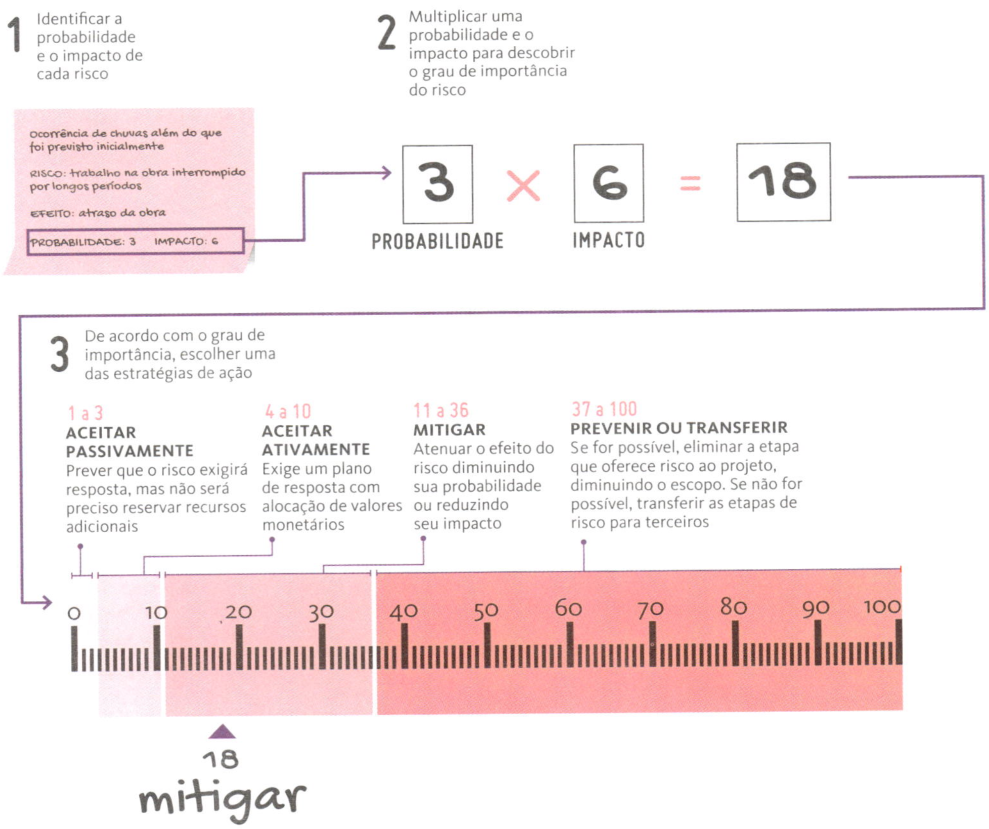

1 Identificar a probabilidade e o impacto de cada risco
2 Multiplicar uma probabilidade e o impacto para descobrir o grau de importância do risco
Ocorrência de chuvas além do que foi previsto inicialmente
RISCO: trabalho na obra interrompido por longos períodos
EFEITO: atraso da obra
PROBABILIDADE: 3 IMPACTO: 6
3 × 6 = 18
PROBABILIDADE
IMPACTO
3 De acordo com o grau de importância, escolher uma das estratégias de ação
1 a 3
ACEITAR PASSIVAMENTE
Prever que o risco exigirá resposta, mas não será preciso reservar recursos adicionais
4 a 10
ACEITAR ATIVAMENTE
Exige um plano de resposta com alocação de valores monetários
11 a 36
MITIGAR
Atenuar o efeito do risco diminuindo sua probabilidade ou reduzindo seu impacto
37 a 100
PREVENIR OU TRANSFERIR
Se for possível, eliminar a etapa que oferece risco ao projeto, diminuindo o escopo. Se não for possível, transferir as etapas de risco para terceiros
0 10 20 30 40 50 60 70 80 90 100
18
mitigar


Fonte: elaborada pelo autor.

DICAS do ESPECIALISTA

## Estratégias a adotar de acordo com a probabilidade e o impacto de cada risco

### PREVENIR

Quando o risco é elevado em termos de impacto e probabilidade, simplesmente não pode ser aceito. Para proteger os objetivos do projeto da ameaça, podemos, por exemplo, excluir do escopo a área sujeita a risco ou então adotar outra tecnologia que não ofereça tanto perigo. Nesse caso, o plano do projeto será necessariamente alterado. Se não for possível alterar o plano do projeto, a opção será a transferência do risco, descrita no próximo item.

### TRANSFERIR

Se o risco é inaceitável, mas não há como alterar o planejamento do projeto, procuramos transferir o impacto negativo e a responsabilidade da resposta terceirizando as etapas do trabalho afetadas pelo risco. Por exemplo, um trabalho cuja conclusão exitosa é incerta pode ser transferido, por um contrato de preço fixo, a um fornecedor que tenha maior domínio sobre a tecnologia envolvida. Se não for possível realizar esse tipo de transferência contratual e se o fornecedor não aceita arcar com o impacto do risco, só resta se proteger por meio da contratação de um seguro.

### MITIGAR

Pode ocorrer de o risco ser inaceitável, mas, por outro lado, a mitigação ser viável por meio de medidas como a aquisição de um equipamento de reserva ou então a garantia de recursos humanos mais bem-qualificados. Esse tipo de medida faz parte do chamado plano de mitigação, cujo objetivo é manter o risco dentro do limite aceitável. Só não se esqueça de que ações de mitigação aumentam os custos e tais valores precisam ser inseridos no canvas e nos documentos orçamentários posteriores.

### ACEITAR ATIVAMENTE

No caso de o risco se situar dentro do limite aceitável, não é necessária uma ação suplementar de mitigação. Mesmo assim, é preciso elaborar um plano de resposta ao risco, prevendo a alocação de valores monetários.

### ACEITAR PASSIVAMENTE

Quando o risco está dentro do limite aceitável, ou seja, demanda uma previsão de resposta, mas não exige a alocação de uma reserva monetária de contingência, diz-se que será aceito passivamente.

**Prever o impacto e a probabilidade de um risco são as peças-chave para definir seu peso no âmbito de um projeto.**

## PASSO 8 O cronograma e o orçamento estão orientados por entregas?

Muito provavelmente, tanto o cronograma como o orçamento serão posteriormente expandidos a partir do canvas, chegando a versões mais detalhadas em ferramentas como o MS Project e o Excel.

De todo modo, desde o momento do planejamento, ambos devem estar estruturados em torno das entregas.

Por que é necessário fazer isso? Porque o cronograma e o orçamento precisam ser controlados em conjunto e esse monitoramento casado será incrivelmente facilitado se ambos tiverem a mesma estrutura.

Além disso, normalmente, cronograma e orçamento fazem trocas entre si. Por exemplo, se empenhamos mais esforço para realizar determinada entrega, aceleramos o projeto (alteração no cronograma), mas também gastamos mais (alteração no orçamento). Não se pode dizer que um projeto esteja dentro do orçamento simplesmente porque se gastou o que deveria ter sido gasto naquela semana: é necessário verificar também o que foi produzido naquele período.

**Orçamento, entregas e cronograma costumam andar juntos e, por isso, é recomendável separá-los em grupos.**

### 5.1.2 Premissas mal-escritas

Gerentes de projetos preocupados em "cumprir tabela" no preenchimento de templates de planos de projeto costumam apontar como premissas elementos que não se configuram como tal.

Alguém poderia argumentar que premissas são suposições de projeto e, portanto, tem o direito de fazer as suposições que bem entender. Porém, a realidade não é bem assim: em um plano de projeto, fazemos suposições apenas sobre fatos e elementos que não serão gerenciados por nós. Por exemplo, em premissas com problemas de formulação, não é possível identificar o que é premissa e o que é restrição. A solução é identificar os fatores externos, deixando claro o que é premissa e o que é restrição, como mostra a Figura 5.3.

Mesmo que sejam requisitos restritivos, ou seja, aqueles que forçam o produto a ter determinada característica, não se trata de uma restrição do projeto, mas de um requisito do produto.

**Figura 5.3** Premissa *x* restrição

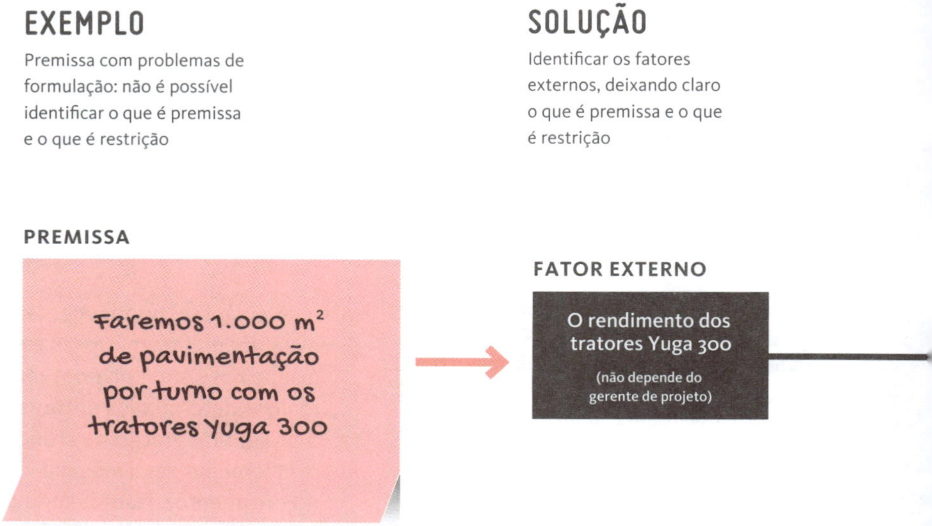

EXEMPLO
Premissa com problemas de formulação: não é possível identificar o que é premissa e o que é restrição
SOLUÇÃO
Identificar os fatores externos, deixando claro o que é premissa e o que é restrição
PREMISSA
Faremos 1.000 m² de pavimentação por turno com os tratores Yuga 300
FATOR EXTERNO
O rendimento dos tratores Yuga 300
(não depende do gerente de projeto)


Fonte: elaborada pelo autor.

**PREMISSA**

Cada trator Yuga 300 é capaz de entregar até 250 m² de pavimentação com operadores sênior

**RESTRIÇÃO 1**

O gerente deverá alocar 4 tratores Yuga 300 por turno, para obter 1.000 m² de pavimentação em cada turno

**RESTRIÇÃO 2**

Todos os operadores de trator Yuga 300 devem ser de nível sênior

Nessa segunda formulação, mais completa e decupada, o gerente sabe quais são as suas responsabilidades e atribuições e aquilo que de fato é premissa – ou seja, que escapa a seu controle, mas ele deve monitorar

# TORNANDO VISÍVEL O INVISÍVEL

## 5.1.3 Fechando a integração

No PM Canvas estão contidas muitas propostas e modelos para pensar o gerenciamento de projeto dos últimos 50 anos. É por isso que uma atenção especial deve ser dedicada ao entendimento da lógica geral do canvas, ao desenvolvimento das integrações necessárias e à previsão de procedimentos de resolução de problemas.

Acredito que existem dois tipos de profissionais atuando no gerenciamento de projetos: aqueles que entendem a lógica de trabalho de um gerente de projeto e os outros que ainda não têm essa compreensão, e se escondem ou se protegem cumprindo a burocracia. Nesse momento, convido o leitor a se perguntar, sinceramente: De que lado você quer estar?

Passei meses preparando este livro no intuito de ajudá-lo, caso você opte por escolher o lado da lógica e do pragmatismo — e não o da burocracia e da prolixidade. Se até aqui algo não ficou claro, sugiro que releia as páginas anteriores com calma, faça exercícios e peça ajuda a colegas experientes nas partes que não entendeu.

Para motivá-lo, transcrevo abaixo o depoimento que recebi de um profissional como você.

> *Nossa, eu não tinha ideia do quanto não sabíamos sobre o projeto. Ao tentar fazer o canvas, percebi isso!*
>
> (J.P., gerente de projeto).

## OS 8 PASSOS DO PROTOCOLO DE INTEGRAÇÃO

**1** Os pontos mencionados nas JUSTIFICATIVAS são sanados?

**2** O OBJETIVO se revela suficiente e necessário?

**3** Todos os REQUISITOS "têm dono" e definem o produto?

**4** Estão subordinados ao projeto aqueles que precisam estar?

**5** Obtivemos convergência formulando PREMISSAS válidas?

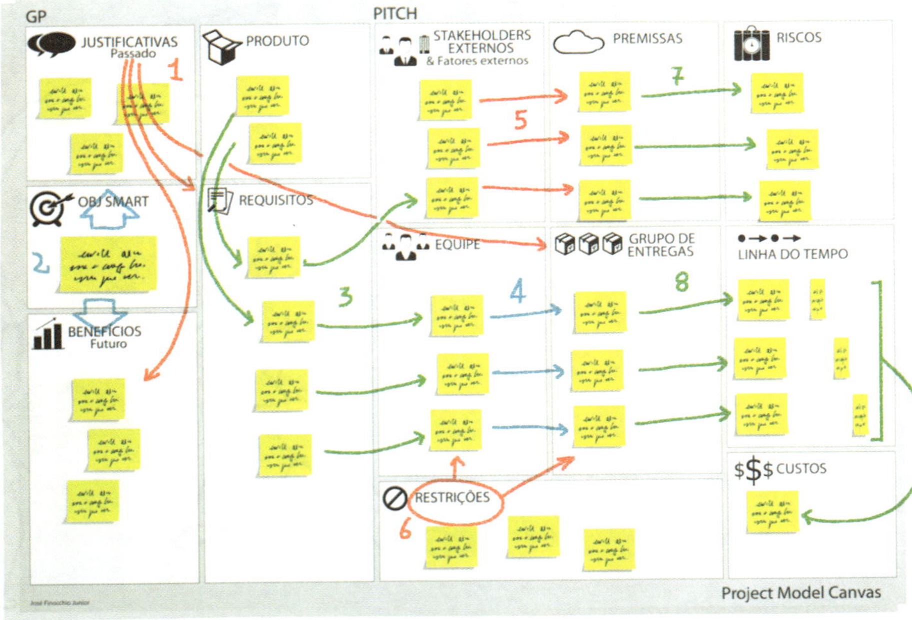


**6** As limitações aplicáveis ao trabalho estão identificadas na forma de RESTRIÇÕES?

**7** Os RISCOS cobrem o que já sabemos do projeto e vislumbram, ao mesmo tempo, o que ainda não sabemos?

**8** O cronograma e o orçamento estão orientados por entregas?

# 6

## RESOLVER

**É ilusão achar que teremos todas as informações disponíveis para planejar um projeto.**

## 6.1 OS NÓS QUE TRAVAM O DESENVOLVIMENTO DO PROJETO

# COMO DESATÁ-LOS?

Fazer um plano de projeto é admitir trabalhar com informações incertas: uns paralisam diante dessa situação; outros, seguem adiante. De todo modo, pensar em fazer um plano com informações perfeitas é uma ilusão.

Já tive a ocasião de observar o exercício de preenchimento do canvas — como também a elaboração de seu equivalente formal, o plano de projeto — sendo paralisado por completo porque não havia informações mínimas para prosseguir.

Acredite, a dificuldade em preencher o canvas nos mostra mais da realidade do que quando tudo sai bem. Se o exercício colapsa, percebemos onde estavam os principais pontos de fragilidade do modelo.

Chamaremos de nó o ponto do canvas em que ocorre esse tipo de travamento por falta de definição. O nó é um ponto que estrangula o planejamento dali para a frente e, portanto, precisa ser "desatado", restaurando o fluxo de informações.

Uma vez identificado, sua solução deve ser encontrada por meio de lições de casa para os *stakeholders* do projeto. Esse processo de identificar nós e trazer soluções é denominado resolver o projeto.

A etapa de resolução do projeto é realizada seguindo o mesmo fluxo do trabalho da etapa de concepção, isto é, respeitando a ordem das questões fundamentais, como mostra a Figura 6.1.

Figura 6.1 Sequência correta para a resolução do projeto

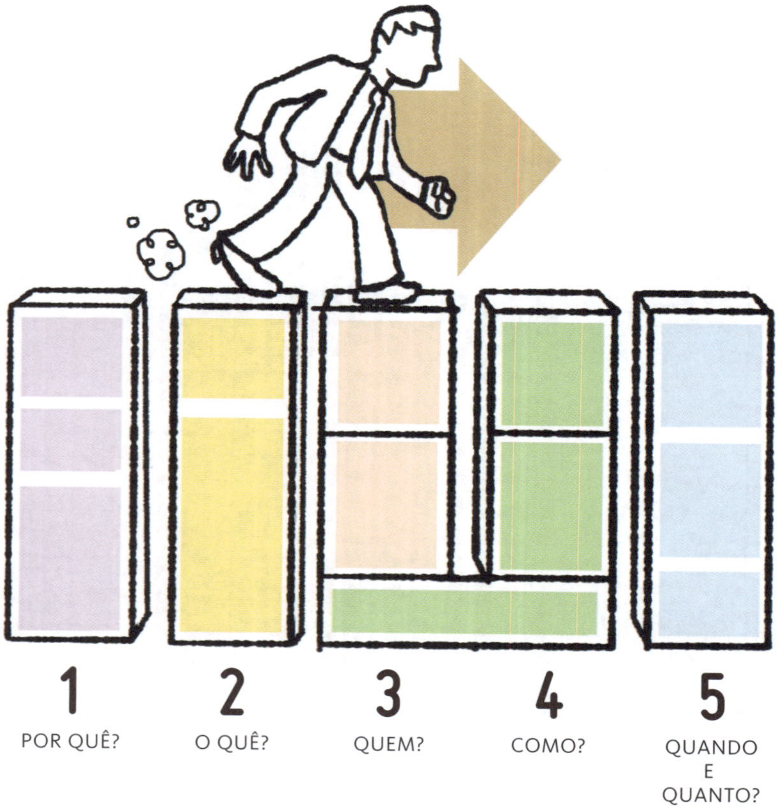


Fonte: elaborada pelo autor.

Em primeiro lugar, verificamos se a pergunta **Por quê?** foi respondida e se o propósito está embasado em sólida geração de valor para a organização. As respostas das demais questões tornam-se inúteis se essa pergunta não for respondida a contento.

Em segundo lugar, checamos se conhecemos **O quê?** o projeto vai produzir em um nível adequado de requisitos.

Logo em seguida, conferimos se a pessoa da equipe a **Quem?** foi atribuído o trabalho possui autoridade, responsabilidade, disponibilidade e conhecimento suficientes.

Respondidas as questões anteriores, verificamos se há clareza a respeito de **Como?** fazer o trabalho e se as condições de trabalho estão controladas.

Finalmente, verificamos se as promessas relativas às perguntas **Quando e quanto?** são condizentes com o que já se sabe do projeto e com a incerteza que existe (os riscos).

## 6.2 PROCESSO DE RESOLUÇÃO DO PROJETO

Um nó, quando em um ponto inicial do canvas, pode provocar vários nós na próxima etapa de preenchimento. Portanto, o processo representado na Figura 6.2 pode ter de ser repetido várias vezes.

**Figura 6.2** Passos fundamentais

## IDENTIFICAR O NÓ

Caracterizar bem qual é o problema que impede a concepção do plano

## LIÇÃO DE CASA

Levar o problema para a organização e dar espaço para propostas

## ALTERAR CANVAS

Com a solução em mãos avançar na concepção do plano

Fonte: elaborada pelo autor.

Existe uma infinidade de nós e problemas que podem vir à tona na definição do projeto, mas alguns são clássicos e estão relacionados a seguir, acompanhados de sugestões e soluções, dentre as muitas possíveis.

### 6.2.1 Problemas clássicos e soluções possíveis

#### 6.2.1.1 O projeto não gera valor

Há projetos que podem apresentar um dos problemas a seguir:

**1** Não trazem contribuição significativa para nenhum dos objetivos estratégicos da organização. As variáveis a serem inspecionadas para detectar esse problema são: objetivos estratégicos, relacionamento do objetivo com o projeto em questão, intensidade da contribuição.

**2** Não acrescentam aos direcionadores clássicos de valor de uma organização, ou seja:

a) não geram aumento de receita;
b) não acarretam redução de custo significativa nem evitam custos;
c) não otimizam o uso de ativos (instalações, equipamentos, estoques);
d) não melhoram a imagem da organização ou a percepção de valor da organização para os investidores;
e) não estão ligados a demandas legais ou regulatórias;
f) não trazem melhorias sociais ou ambientais.

**3** Geram melhorias, mas são subjetivas e difíceis de quantificar.

Se o seu projeto se enquadra em um dos itens anteriores, isso significa que possui um legítimo nó na geração de valor.

---

**Possíveis lições de casa e soluções para o projeto que não gera valor**

Lembre-se de que uma das responsabilidades do patrocinador é mostrar a racionalidade da geração de valor do seu projeto. Então, a primeira atitude recomendável é marcar uma reunião com o patrocinador (ou o proponente) e investigar melhor as razões de negócio que motivaram a criação do projeto.

Mostre as lacunas que o time encontrou em relação à geração de valor e tente esclarecer cada uma delas. É bem possível que a concepção do projeto tenha de ser modificada: ao alterarmos o produto do projeto, podemos reestruturar a geração de valor.

Você deve estar pensando: Por que não solicitar ao patrocinador a emissão de um *business case*? Porque o próprio canvas é o *business case*!

O *business case* é um documento formal que costuma conter as razões que motivaram o projeto. Ora, se repararmos bem, o próprio canvas contempla tudo que um *business case* precisa conter, com a vantagem de ser amarrado por uma lógica de geração de valor:

- » O contexto de negócio.
- » A proposição de valor (benefícios).
- » O produto, serviço ou resultado sendo produzido.
- » As entregas produzidas pela equipe e que serão integradas.
- » O tempo necessário, associado ao consumo de recursos críticos.
- » As premissas.
- » Os riscos.

Logo, a questão é ampliar o leque de pessoas que opinam na montagem do canvas, inclusive o patrocinador, pois, junto com o canvas, o *business case* estará pronto também.

#### 6.2.1.2 O cliente não sabe o que quer

Imagine a seguinte situação: a equipe se reuniu e, na hora de listar os requisitos, poucos post-its puderam ser escritos e colados pelos participantes. A equipe, então, se voltou para o cliente, que, na defensiva, indagou: "Como eu posso saber mais, se nunca vi isso feito antes?".

#### Possíveis lições de casa e soluções para o projeto cujo cliente não sabe o que quer

Em primeiro lugar, identifique se os *stakeholders* que usarão o produto foram engajados, ou seja, certifique-se de que os *stakeholders* que podem falar sobre o produto com propriedade foram efetivamente identificados e envolvidos.

Talvez seja o caso de conversar individualmente com cada um deles, pois, em grupo, podem ficar receosos de provocar conflitos ao falar sobre os requisitos.

DICAS *do* ESPECIALISTA

# Uma tática: contar pequenas histórias

As pessoas têm dificuldade de descrever características técnicas e funções de um produto. Já o gosto por contar e ouvir histórias nos acompanha desde a infância.

Sugiro pedir para o cliente se imaginar em uma situação futura em que esteja usando o produto do projeto e solicitar que descreva detalhadamente a situação, como se estivesse contando uma pequena história. Essa pode ser uma maneira de obter bons requisitos.

Histórias de usuários são sentenças curtas, limitadas ao tamanho do post-it padrão (10 cm x 7,5 cm) e escritas pelo usuário final que utilizará o produto do projeto. Devem ser redigidas em linguagem comum de negócios.

A sentença normalmente explica o trabalho do dia a dia em um futuro hipotético, enquanto o modelo responde às perguntas **Quem?**, **O quê?** e **Por quê?**.

Eis os passos a percorrer:

**1** Crie um modelo contendo a sintaxe ou o formato básico de uma história de usuário.

**2** Apresente o modelo para os clientes e para outros *stakeholders*, dando exemplos de como construir uma sentença naquele modelo.

**3** Peça para os usuários se imaginarem no futuro, após a conclusão do projeto, e gerarem suas próprias histórias seguindo os templates. Um exemplo de template seria: "Como ‹quem› ‹onde/quando›, eu preciso ‹o que › para ‹por que›".

**4** As histórias geradas a partir desse modelo, contendo requisitos, poderiam ser assim:

a) "Como agente de validação, na entrada da aeronave, eu preciso validar o código de barras com o código do bilhete, para me certificar de que aquele é um passageiro válido".

b) "Como canhoneiro no tanque de guerra, em operação de combate noturno, eu preciso de visão termal no periscópio de tiro para garantir a mira no inimigo".

c) "Como consumidor final, no momento do banho, com as mãos molhadas, eu preciso que a tampa do xampu se abra com pouco esforço, para que eu aplique o produto".

Um template mais simples poderia ser: "Como ‹papel›, eu quero ‹objetivo/desejo›". As frases construídas com base nesse modelo seriam parecidas com estas:

a) "Como usuário do sistema de contas a pagar, eu quero pesquisar fornecedores, tanto pelo CNPJ como pelo nome".

b) "Como usuário do sistema de compras no SAP, eu preciso ter acesso aos meus pedidos de compras, mas não aos de outro comprador".

### 6.2.1.3 Os recursos não estão garantidos/alocados para o projeto

Na hora de construir o canvas, suponha que o gerente só tenha conseguido listar seu próprio nome na equipe, ao passo que as entregas serão feitas por diversos outros perfis que não estão alocados no projeto.

É claro que esse é um exemplo extremo, mas, sempre que existir alguma entrega a ser feita por recursos não alocados no projeto ou sem compromisso de alocação, temos um problema.

#### Possíveis lições de casa no caso de recursos não garantidos/alocados no projeto

Em uma organização, para conseguir inserir alguém dentro da esfera de influência do gerente de projeto, é preciso que o "dono" do recurso (por exemplo, o chefe funcional dessa pessoa) concorde em cedê-lo por X horas semanais ou mensais para trabalhar no projeto.

O caminho mais comum é o patrocinador solicitar, por meio de uma mensagem formal (que pode ser um e-mail), o compromisso de alocação pelo dono do recurso, recebendo, em seguida, a confirmação do acordo.

### 6.2.1.4 O gerente de projeto não possui autoridade, nem influência para tocar o projeto

Quando nem o cliente nem o patrocinador se encontram dentro da esfera de influência do gerente de projeto, ou quando as principais entregas listadas no canvas são realizadas por pessoas, perfis ou fornecedores externos que tampouco estão sob sua esfera de influência, tudo indica que o trabalho dificilmente será coordenado e gerenciado a contento pelo gerente de projeto.

### Possíveis soluções para o problema de autoridade do gerente de projeto

Em primeiro lugar, é preciso obter um patrocinador — um executivo com nível adequadamente elevado dentro da organização — que abra um canal de comunicação com o gerente de projeto. Posteriormente, esse executivo poderá intervir para que, mesmo que temporariamente ou de forma parcial, alguns dos responsáveis pelas entregas principais se reportem ao gerente de projeto.

É importante negociar com os gerentes "donos" desses recursos para que a avaliação de desempenho dos funcionários membros de suas equipes inclua o julgamento emitido pelo gerente de projeto sobre sua contribuição para o resultado. O processo deve ser meritocrático e transparente para todas as pessoas envolvidas e você deve estar ciente de que as avaliações sobre os recursos serão afetadas pelo desempenho no projeto.

Em relação a terceiros que efetuam entregas no projeto, recomendo estabelecer contratos detalhados que estipulem responsabilidades para reportar e medir o trabalho, além de prever a realização de reuniões de coordenação, bem como elaborar um protocolo de comunicação entre o fornecedor e o gestor que centraliza o controle do projeto.

Para aqueles menos familiarizados com o jargão técnico do gerenciamento de projetos, reportar-se é a maneira pela qual o fornecedor comunica a programação e o resultado da execução do trabalho realizado por ele. As informações reportadas devem estar em um formato facilmente integrável aos controles gerais do projeto.

Vale lembrar também que a medição física dos serviços executados é sempre comparada com o que foi planejado, uma vez que os resultados da medição é que viabilizam os desembolsos mensais do financiamento do empreendimento.

As reuniões de coordenação, por sua vez, precisam ter sua frequência estipulada, bem como o local, a pauta (quando possível) e os participantes, com suas respectivas autoridades na tomada de decisões.

Em relação ao protocolo de comunicação, trata-se de especificar os relatórios a serem apresentados, os canais de comunicação a serem utilizados, a frequência da comunicação, quem por ela se responsabiliza, o que deve ser comunicado e para quem.

mais sênior da equipe — uma possibilidade seria um arquiteto de solução. Se o recurso não está disponível, o patrocinador negocia sua alocação. Outra alternativa é buscá-lo no mercado, por meio de contrato.

Isso feito, a equipe precisa se amparar em uma metodologia técnica de execução. Normalmente, tais metodologias dividem o projeto em diferentes fases do ciclo de vida e especificam, em cada uma delas, o que deve ser entregue.

Por exemplo, quem implanta aplicativos ERP, como o SAP R/3, um *software* de gestão, pode utilizar a metodologia ASAP desenvolvida pelo próprio fabricante do *software*. Assim, fica estabelecido em cada uma das fases o que fazer.

É interessante que a equipe faça uma pesquisa na internet ou em bases de conhecimento para ver se encontra projetos similares. A resposta, às vezes, pode estar em artigos ou *white papers* de fornecedores daquele tipo de solução. Deve-se buscar também livros que tratem do assunto.

Provavelmente não há tempo hábil para ler muitos livros integralmente, mas uma busca rápida nos tópicos já trará pistas sobre os tipos de entregas a serem desenvolvidas.

Finalmente, a equipe pode fazer *benchmark* com outras organizações que já realizaram aquele tipo de projeto ou até mesmo contratar uma assessoria técnica especializada.

### 6.2.1.5 A equipe não consegue identificar as entregas a serem feitas

Em uma situação em que a equipe nunca tenha feito um projeto similar, não é improvável que, durante o preenchimento do bloco **entregas**, haja insegurança, hesitação e até paralisia.

#### Possíveis soluções para entregas não identificadas

Se a razão imediata do problema é a falta de experiência técnica da equipe nesse tipo de projeto, a primeira coisa a fazer é nomear um responsável técnico, que pode não ser o gerente de projeto. Frequentemente, esse papel é assumido pelo recurso técnico

**Buscar referências com capacitação e experiência fora da equipe ajuda a entender como o projeto se divide em entregas.**

### 6.2.1.6 A equipe formulou riscos "para inglês ver"

Eis outra situação provável: na hora de preencher a avaliação de riscos global, a equipe tem certa facilidade, uma vez que conhece esse tipo de projeto. Porém, no momento de pensar sobre os riscos específicos do projeto, são colocados poucos post-its com elementos genéricos, como "chuva" ou "atraso no projeto". Isso resulta da falta de imaginação e de não saber diferenciar causa, risco e consequência.

Pode acontecer ainda de, após concluído o canvas, ficar claro que o projeto acarretará alto risco, localizado em áreas que a organização considera críticas. Porém, a equipe não acredita que o trabalho de avaliação de riscos chegue em alguém com poder suficiente na organização para mudar a ordem das tarefas.

Seja por preguiça, seja por falta de experiência na identificação de riscos, ou ainda por pensar que a análise de riscos não será levada a sério por ninguém com poder de decisão, o fato é que a equipe, muitas vezes, redige no canvas riscos incompletos "para inglês ver".

#### Possíveis soluções para combater os riscos "para inglês ver"

Com relação aos riscos pontuais, é necessário estimular a equipe a se concentrar e não passar por esse item rápido demais, descrevendo os riscos do projeto de modo telegráfico.

Em segundo lugar, sugiro que seja solicitado à equipe exercitar o **pensamento orientado a falhas**. É mais fácil formular os riscos quando pensamos em coisas que podem não se comportar como esperado. Façam perguntas do tipo:

- Quais falhas no processo de execução do projeto podem acontecer?
- O que pode não funcionar como programado no bloco **entregas**?
- Que serviços de infraestrutura ao projeto podem falhar?
- Quais problemas de design e concepção podem ocorrer?
- O que deu errado nos projetos anteriores?

Considere a opção de usar um *checklist* de riscos específicos, com base em experiências de projetos anteriores da organização.

Ainda no que concerne aos riscos específicos do projeto, é importante treinar a equipe na tríade causa-risco-consequência — reveja a teoria neste livro, no Capítulo 4, e faça uma pequena apresentação para a equipe, mostrando exemplos prontos com causa-risco-consequência.

Já com relação aos riscos globais, é preciso o apoio dos altos executivos para mudar a política de gestão de riscos na sua organização. Em uma empresa em que trabalhei, a Hewlett Packard, nós, os gerentes de projeto, éramos orientados a proceder a uma avaliação global de riscos, usando uma estrutura semelhante à proposta neste livro, com categorias de riscos similares. Dependendo da gravidade dos riscos globais identificada durante a avaliação, uma bandeira vermelha virtual era levantada, indicando que patamares não toleráveis de risco seriam atingidos naquele projeto. Só quem podia baixar essa bandeira vermelha era um executivo em nível de diretoria ou superior — é claro que o executivo só fazia isso após o gerente de projeto mostrar as medidas que havia tomado para amenizar ou neutralizar os riscos. Nas mãos desse mesmo executivo estava o poder de suspender a execução do projeto.

Uma das maneiras de evitar avaliações de risco global que não sirvam para nada é estimular que seja implantado na organização um processo de escalação do risco global para os níveis executivos — como descrevi que era feito na Hewlett Packard. Só assim haverá real consciência sobre os níveis de riscos assumidos pela organização em cada projeto e será possível cobrar ações dos responsáveis.

#### 6.2.1.7 A equipe está insegura quanto à duração do projeto

Não é raro que a equipe encare como ameaça o estabelecimento de uma data de término para o projeto.

Na realidade, qualquer prazo que estipulemos para o projeto tende a não ser cumprido, mesmo se usarmos critérios precisos e procedimentos científicos, como distribuições de probabilidade beta-pert ou sofisticados *softwares* de simulação computacional.

Uma vez fixadas as datas, o comportamento das pessoas acaba por invalidar o cronograma dos projetos. Isso se deve à nossa reação emocional negativa em relação a datas-limite — tema debatido, por exemplo, no contexto da síndrome do estudante, na Lei de Parkinson e nas multitarefas nocivas.[1]

### Possíveis soluções para a dificuldade de lidar com datas-limite

A primeira alternativa é se contentar com uma data de término razoável que atenda a dois critérios:

1 não pode ser tecnicamente inviável;
2 deve ser politicamente aceita na organização.

Se existe conflito entre os critérios 1 e 2, é preciso negociar, priorizando a data política. Isso significa mexer no escopo do projeto e realizar uma entrega menor ou parcial, ou então negociar politicamente para estender o prazo. Qual seria o maior escopo de entrega tecnicamente possível, dentro do prazo político? Existe alguma possibilidade de ampliar o prazo politicamente aceitável? Essas são as duas perguntas a responder na negociação.

Trabalhar com uma data de término razoável significa assumir que é uma meta politicamente negociada, mas que, ao mesmo tempo, precisa ser passível de cumprimento, do ponto de vista técnico. Para construir uma linha do tempo baseada em uma data de término razoável, simplesmente dividimos o prazo total no canvas em quatro quartos, discutimos com a equipe quais entregas serão feitas em cada um dos quartos, gerenciamos efetiva e permanentemente a execução do projeto e... está resolvido!

A segunda alternativa é seguir a recomendação da Academia, que se resume em alguns procedimentos:

1 Decomponha em atividades cada uma das entregas.
2 Pense em estimativas de duração para cada atividade, na forma de cenários otimistas e pessimistas.
3 Escolha uma duração para cada atividade, proporcional ao risco e ao grau de inovação que ela traz.
4 Coloque marcos no projeto (de início e de término), atividades apenas marcadoras, de duração zero.
5 Sequencie as atividades de modo que todas tenham ao menos um predecessor (nem que seja o marco de início) e ao menos um sucessor (nem que seja o marco de término).
6 Negocie politicamente a data resultante.

Tudo o que você tem a fazer, em seguida, é transcrever para o canvas uma representação simplificada desse cronograma por entregas.

Contudo, é importante ressaltar que nem sempre essa segunda alternativa é possível, devido à característica excessivamente política de algumas organizações e também pelo desconhecimento a respeito do trabalho a ser feito — o que costuma imperar no momento de concepção do projeto.

[1] A associação entre esses diversos problemas e a pressão de uma data-limite rígida pode ser comprovada, rapidamente, em uma simples pesquisa na internet.

### 6.2.1.8 Os parceiros de negócio não se integram à equipe

Isso pode ocorrer quando a equipe formada para construir o canvas não chama para a mesma mesa os principais parceiros de negócio (sejam eles clientes ou fornecedores). Aí, na hora de colocar os requisitos ou atribuir entregas, fica faltando sua validação.

O problema, nesses casos, é que a impressão é a de que existem dois projetos paralelos — o do cliente e o do fornecedor —, separados por uma grande muralha chamada **contrato**.

### Possíveis soluções para trazer os parceiros à mesa

Inicialmente, recomendo agendar uma nova reunião, dessa vez com o envolvimento dos parceiros de negócio, e usar o canvas para chegar a um entendimento comum da lógica do trabalho conjunto. É muito importante estabelecer uma **única lógica**, para um **único projeto**. A união deve ser afirmada explicitamente na reunião do time e deve ir além do simples discurso para se refletir na prática.

O ideal é que exista uma **única equipe**, que forma um todo e que independe da empresa ou organização à qual as pessoas estão subordinadas individualmente. Para ajudar nisso, use elementos que criem uma identidade visual para o time: camisetas, bonés, pins. Celebre os encontros do grupo.

Com base na lógica de equipe única e projeto único, derive declarações de trabalho contendo entregas com responsabilidades específicas e critérios de aceite. Além disso, procedimentos claros para eventuais solicitações de mudança de escopo devem ser estabelecidos com representantes das partes interessadas.

**Recursos de comunicação social e integração ajudam a construir o conceito de equipe e fazem com que as pessoas se sintam parte do projeto.**

A comunicação precisa ser planejada com base na ideia unicidade, para facilitar a integração entre a equipe. Lance mão de tecnologias da informação, grupos de discussão, compartilhamento de áreas virtuais e faça uma rede social do projeto.

Se for um projeto suficientemente grande, pense em criar um escritório de gerenciamento de projetos (PMO) para os parceiros que, em vez de cobrar, terá a missão de servir aos parceiros, oferecer facilidades e ajudar na integração dos envolvidos a alcançar a geração de valor requerida pela organização, com ações benéficas para a sociedade e também para o ambiente.

### 6.2.1.9 A equipe fez um ótimo plano, mas se esqueceu das outras pessoas e do planeta

Imagine que a equipe se esqueceu de incorporar aspectos de sustentabilidade dentro do ciclo de vida do projeto, que harmonizem a geração de valor requerida pela organização, com ações benéficas para a sociedade e também para o ambiente.

#### Possíveis soluções para integrar a dimensão da sustentabilidade ao plano

A sustentabilidade não pode ser apenas uma preocupação teórica. Quando se assina o código de ética do Project Management Institute (PMI), por exemplo, ele deve ser, de fato, colocado em prática.

A preocupação com a sustentabilidade requer que o time estenda sua abrangência de tempo para depois do término do projeto, cobrindo todo o período em que o produto do projeto estiver em operação e até mesmo quando for desativado, descartado ou desmanchado.

Em linhas gerais, a elaboração do Project Model Canvas (PM Canvas) pode contemplar os seguintes esforços para integrar a sustentabilidade ao gerenciamento de projetos:

- A equipe deve conceber um plano de projeto no qual todo o trabalho seja realizado de maneira sustentável, e a preocupação com os impactos sociais e ambientais afete praticamente todos os componentes do PM Canvas.
- O produto ou o serviço do projeto deve operar durante todo o seu ciclo de vida de maneira sustentável. Para tanto, é provável que os componentes **produto** e **requisitos** do canvas tenham de ser adaptados.
- Os indicadores de sucesso e desempenho do projeto devem incorporar medidas de sustentabilidade. Os componentes dos blocos **objetivo SMART** e **benefícios** devem refletir essa preocupação.

Para tornar o pensamento e a prática da sustentabilidade mais tangíveis à equipe que vai desenvolver o PM Canvas, seguem alguns exemplos que podem ser inspiradores — sem, no entanto, limitar a margem de criatividade da equipe.

No campo das **restrições**, preveja que a maioria das reuniões envolvendo pessoas de localidades distintas seja feita via *web*, para minimizar deslocamentos. Considere também que o time de compras deve priorizar fornecedores de bens e serviços que minimizam o deslocamento de produtos e pessoas. Insira ainda a restrição de só contratar fornecedores que garantam salários dignos para seus empregados, respeitem a legislação para horas extras e repudiem o trabalho infantil. Outra restrição interessante é, na contratação de produtos ou serviços, dar preferência a alternativas que promovam a inclusão social. Pequenos fornecedores e cooperativas podem ser considerados e priorizados.

Introduza nos **requisitos** que o produto do projeto deve ter como características a economia e a racionalidade no uso de energia, bem como deve fazer uso eficiente da água, reaproveitando água da chuva e tratando toda água dispensada.

Nas **entregas do projeto**, mencione o descarte e a reciclagem do lixo gerado, assim como a desmobilização sustentável do canteiro de obra montado pelo projeto, se aplicável. Inclua como entrega, também, a educação dos trabalhadores envolvidos ou algo que os faça evoluir em termos de qualificações e aprendizado — não se esqueça de cuidados com saúde, meio ambiente e segurança.

Garanta, na alocação da **equipe**, a preocupação com a diversidade, a inclusão social, a igualdade de oportunidades de trabalho e a não discriminação de qualquer natureza.

Destaque, nas **justificativas**, situações atuais que precisam ser modificadas. Faça com que a organização assuma um papel protagonista na gestão do meio ambiente e assegure que a realização do projeto ajudará a corrigir distorções preexistentes.

Revise os **riscos** do projeto para se certificar de que todas as oportunidades e ameaças ao ambiente foram identificadas e de que foram desenvolvidas respostas satisfatórias, de acordo com sua ocorrência e seus impactos, quer seja por meio da possível modificação do plano de projeto ou até mesmo por sua suspensão.

Identifique como ***stakeholder* externo** a sociedade em geral e também a comunidade de entorno do projeto. Não se esqueça de mencionar, nos **benefícios**, o ganho social, que deve entrar, igualmente, nos indicadores de desempenho do projeto.

Se a execução dos serviços for realizada próximo a uma comunidade em situação de vulnerabilidade social, com baixa renda, altas taxas de analfabetismo e/ou evasão escolar, verifique se todas as possíveis oportunidades de interação positiva do projeto com essa comunidade foram levantadas e estão mapeadas nos **riscos** do canvas, assim como todas as ameaças que podem resultar em violação dos direitos humanos ou diminuição da qualidade de vida dos moradores da comunidade.

6.2.1.10 Existe resistência em relação ao projeto

Uma situação que pode acontecer é a equipe, ao se reunir para desenvolver o PM Canvas, perceber que há resistência por parte de algum ***stakeholder* externo** ao projeto e, possivelmente, também de um ou outro membro da equipe.

### Possíveis maneiras de administrar a resistência que existe em relação ao projeto

O gerenciamento de projetos surgiu na década de 1960, vinculado a técnicas de programação PERT e CPM — modelos lógicos e matemáticos visando à otimização de custos, durações e recursos.

As técnicas de gerenciamento de projetos se expandiram para todas as organizações, com fins lucrativos ou não, como forma de responder à pressão por adaptações constantes e cada vez mais rápidas. Justamente pelo fato de os projetos serem vetores de transformação, é bastante comum que surjam resistências a eles dentro das organizações.

Por isso mesmo, é necessário que o arsenal de técnicas do gerente de projeto inclua ferramentas para a gestão de pessoas, para o alinhamento dos seus interesses aos interesses do projeto e para a gestão das mudanças de conceitos e paradigmas.

O segredo é conciliar as propostas de mudança trazidas pelo projeto com o interesse das pessoas, seja adaptando o projeto ou mudando sua percepção, por meio do compartilhamento de informações e do aumento do engajamento.

O próprio PM Canvas pode ser usado como ferramenta de gestão de mudanças e de abrandamento de resistências. Veja algumas pistas de como fazer isso de maneira simples na Figura 6.3.

O mais importante, nesse exercício, é escutar o que as pessoas envolvidas com o projeto têm a dizer, especialmente aquelas que não o apoiam. Afinal, se existe tempo para deixar a proposta do projeto mais forte, mudando pequenas coisas que não prejudicarão o propósito geral, por que não o fazer?

**Ouvir o que os membros resistentes têm a dizer e permitir mudanças é um bom começo para resolver resistências.**

## CANVAS SUSTENTÁVEL
EXEMPLOS PARA TORNAR O PROJETO MAIS SUSTENTÁVEL

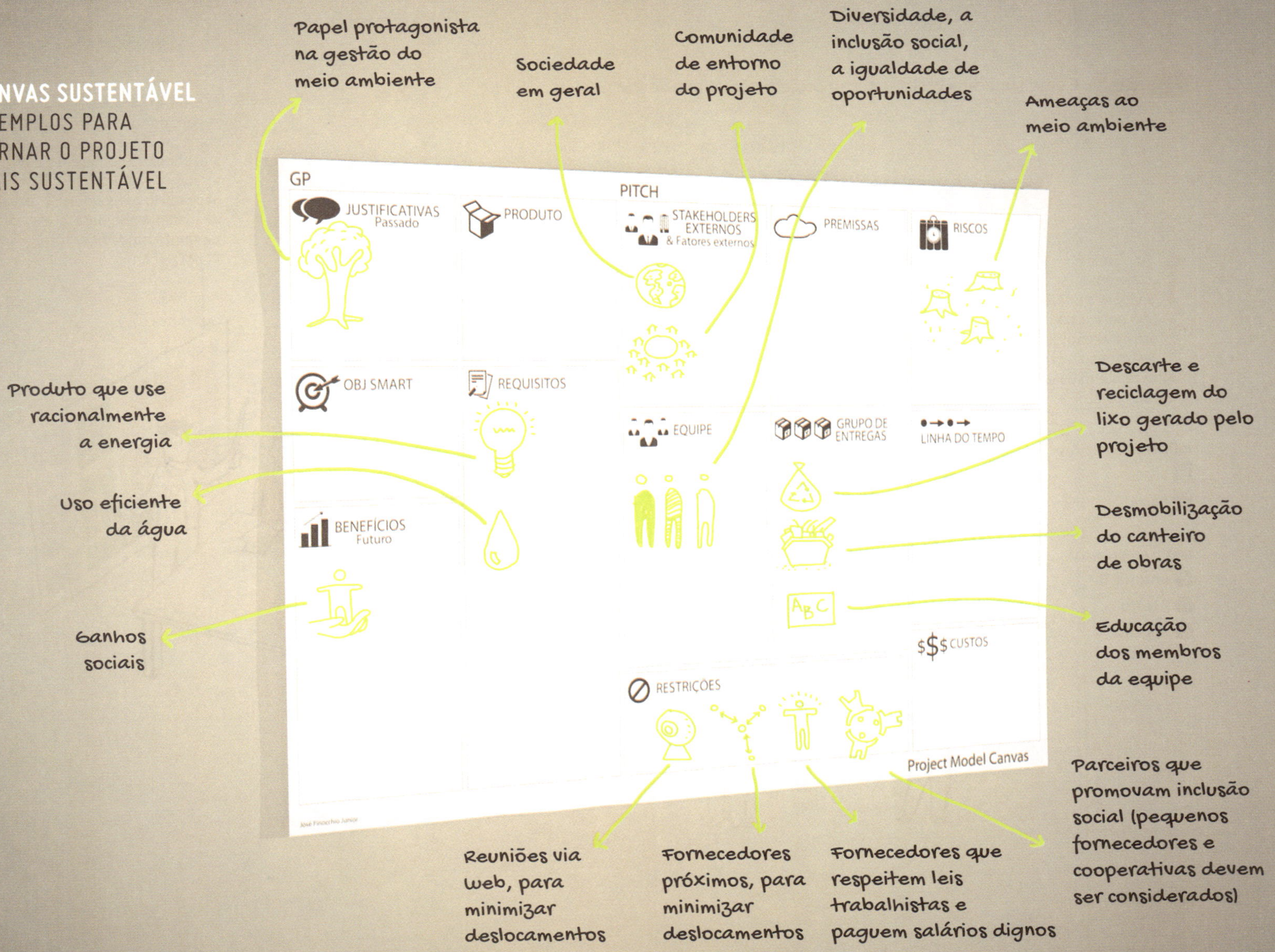

Papel protagonista na gestão do meio ambiente
Sociedade em geral
Comunidade de entorno do projeto
Diversidade, a inclusão social, a igualdade de oportunidades
Ameaças ao meio ambiente
GP
JUSTIFICATIVAS
Passado
PRODUTO
PITCH
STAKEHOLDERS EXTERNOS
& Fatores externos
PREMISSAS
RISCOS
OBJ SMART
REQUISITOS
EQUIPE
GRUPO DE ENTREGAS
LINHA DO TEMPO
BENEFÍCIOS
Futuro
$$$ CUSTOS
RESTRIÇÕES
Project Model Canvas
Produto que use racionalmente a energia
Uso eficiente da água
Ganhos sociais
Descarte e reciclagem do lixo gerado pelo projeto
Desmobilização do canteiro de obras
Educação dos membros da equipe
Reuniões via web, para minimizar deslocamentos
Fornecedores próximos, para minimizar deslocamentos
Fornecedores que respeitem leis trabalhistas e paguem salários dignos
Parceiros que promovam inclusão social (pequenos fornecedores e cooperativas devem ser considerados)

**Figura 6.3** Como superar a resistência ao projeto com o uso do PM Canvas

3 O próprio canvas sugere por onde começar. Para que os stakeholders comprem a causa do projeto, é necessário responder, de maneira conjunta, à pergunta fundamental POR QUÊ?
1 Analise os stakeholders: mapeie a influência e o posicionamento dos stakeholders externos ao projeto e também da equipe do projeto
2 Identifique os grupos que precisam de maior atenção e chame-os para uma reunião de alinhamento de conceito de projeto. Utilize o canvas como ferramenta
influência
i+ alta
i- baixa
apoio ao projeto
e entusiasta
n neutro
o opositor

Fonte: elaborada pelo autor.

## 4 JUSTIFICATIVAS

Reforce os aspectos desagradáveis da situação atual; faça comparações com concorrentes mais bem-posicionados; demonstre como a situação atual impede as pessoas de aproveitar oportunidades

## 5 OBJETIVO SMART

Peça para os participantes reescreverem este bloco, melhorando-o; debata o significado das alterações propostas

## 6 BENEFÍCIOS

Peça para os participantes olharem para o conjunto de benefícios que o projeto trará para a organização e descreverem, ao mesmo tempo, oportunidades para si mesmos que derivam do projeto

## 7 REQUISITOS

Faça associações com as necessidades de negócio. Quais são as preocupações desses stakeholders que os fazem ter ressalvas em relação ao projeto?

## 8 ENTREGAS

Invista algum tempo mostrando as entregas e como elas se encaixam no todo do projeto. Discuta as responsabilidades específicas em relação às entregas

# 7

## COMPARTILHAR

# COMO AVALIAR SE O PLANO ESTÁ PRONTO?

## 7.1 UM PROJETO BEM-DEFINIDO E SEM NÓS

Se você cumpriu todos os passos de concepção do Project Model Canvas (PM Canvas), você tem nas mãos um projeto que está muito bem-definido. Isso significa que:

- o projeto **defende uma causa**, possui um propósito, e, como tal, vai nos tirar de uma situação atual problemática e nos transportar para uma situação futura melhor;
- o produto do projeto está claramente **delineado**, assim como suas principais características;
- sabemos **quem são as pessoas** e/ou papéis que trabalham no projeto e se estão dentro da esfera de influência do gerente de projeto;
- temos claro quem são os ***stakeholders* externos** que fornecem subsídios ao projeto, isto é, aqueles que estão interessados ou são afetados por ele;
- os **níveis de influência** e os **posicionamentos** dos *stakeholders* externos e da equipe perante as mudanças representadas pelo projeto estão identificados;
- os fatores do **ambiente externo** que afetam o projeto e que precisam ser monitorados estão listados;

- o trabalho a ser feito pela equipe está **decupado** na forma de entregas (*deliverables*) e as condições nas quais esse trabalho será feito estão mapeadas na forma de premissas e restrições;
- a **avaliação global de risco** do projeto foi feita com cuidado e o patrocinador tem ciência dela;
- os **riscos específicos** identificáveis no momento do planejamento foram formulados sem confundir a causa, o risco em si e a consequência. Além disso, foram mapeadas suas probabilidades, assim como seus impactos nos objetivos do projeto;
- a linha do tempo foi dividida em quadrantes e os **compromissos de finalização** das entregas dentro dos quadrantes foi acordado de maneira participativa. As linhas gerais de precedência lógica e as estimativas de duração foram respeitadas, dentro do possível;
- o **orçamento** foi detalhado a partir das entregas a serem feitas ao longo do projeto. Mesmo que não se tenha um orçamento detalhado e definitivo, são conhecidas, pelo menos, as ordens de grandeza dos custos do projeto, por meio de intervalos de valores.

Podemos afirmar também que seu documento tende a estar muito "bem--amarrado". Isso significa que:

- todas as **dores** detectadas no bloco **justificativas** são tratadas nos demais componentes do canvas, como no bloco benefícios, por exemplo, e foram previstas soluções para elas;
- os **requisitos** referentes ao produto, serviço ou resultado do projeto foram fornecidos e são suficientes para defini-lo em linhas gerais;
- cada uma das **entregas** mencionadas é feita por membros da equipe listados no canvas que estão dentro da esfera de controle e influência do gerente de projeto;
- alguns *stakeholders* estratégicos, como o **cliente** e o **patrocinador**, estão dentro da esfera de influência do gerente de projeto;
- as **premissas** elencadas no canvas resultam de um inventário completo sobre os *stakeholders* e os fatores externos do projeto; ao mesmo tempo, tudo o que se supõe ou dá-se como certo sobre os *stakeholders* e os fatores externos foi considerado como premissa;
- as **restrições** foram conferidas e cada uma delas está relacionada a limitações impostas aos membros da equipe e/ou a entregas do projeto;

- todas as premissas e entregas foram cuidadosamente avaliadas em relação aos **riscos**;
- se a **avaliação global de risco** do projeto é alta, as devidas medidas foram tomadas — por exemplo, colocar um intervalo de tempo estendendo o término do projeto ou então alocar no custo do projeto reservas financeiras proporcionais ao risco;
- para os riscos pontuais mais relevantes, com **alta probalidade e alto impacto**, foram desenvolvidas respostas que modificaram o plano, como o acréscimo de novas restrições;
- a linha do tempo e o custo do projeto estão **orientados por entregas**.

Espera-se ainda que, nesse ponto do planejamento, as maiores indefinições e ambiguidades, assim como os impasses e as situações conflituosas, tenham sido levados para discussão em um fórum amplo e resolvidos. Se os nós que atrapalhavam o projeto foram dissolvidos, então:

- a equipe tem clareza de que o projeto **gera mais valor para a organização** do que consome recursos;
- o **cliente sabe perfeitamente o que quer** e isso está registrado no bloco **requisitos**;
- a **equipe técnica** tem competência e sabe o que precisa produzir;
- os recursos estão adequadamente alocados ao **gerente de projeto**, que possui autoridade suficiente para conduzir o projeto;
- as promessas de **tempo** e **custo** são razoáveis e factíveis;
- o projeto não possui um **nível de risco** que não possa ser tolerado e as devidas medidas de respostas aos riscos foram tomadas;
- houve **envolvimento da equipe** e dos demais *stakeholders* na concepção do plano.

**Um canvas bem-amarrado e coerente será mais eficaz como ponto de partida para outros documentos e suportes.**

## 7.2 A ALMA DO PROJETO E AS POSSIBILIDADES DE DESDOBRÁ-LA

# PASSANDO O MODELO MENTAL DO PROJETO PARA FRENTE

Se você conseguiu construir um PM Canvas que atende a maior parte daquilo que foi listado na seção anterior, a alma de seu projeto está neste documento.

A ideia é que a consistência e a integração atingidas no canvas possam, se necessário, ser transportadas para outros documentos, como:

- planos de projetos formais;
- cronogramas;
- apresentações;
- orçamentos.

**Figura 7.1** Desdobramentos do canvas

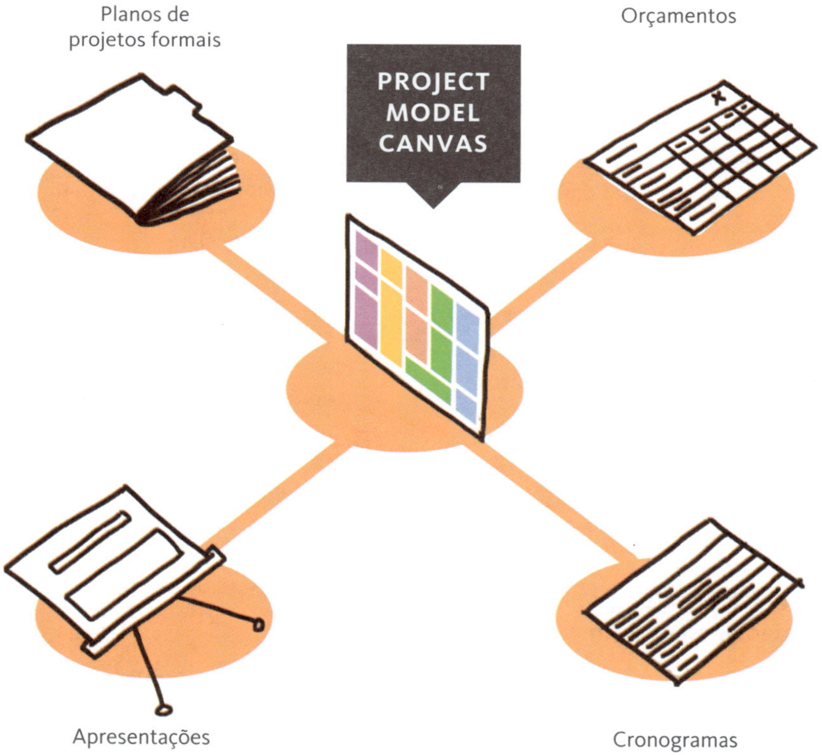


Fonte: elaborada pelo autor.

Tudo vai depender do grau de formalismo exigido por sua organização. Apenas tome cuidado para que sua metodologia de gestão de projetos não se transforme em algo meramente prescritivo, como ocorre com alguns templates que precisam ser preenchidos, mas cujo propósito é obscuro para as pessoas que o fazem.

A falta de entendimento gera medo e insegurança. Nessa situação, as pessoas se apegam a regras que, muitas vezes, não fazem sentido. Se você tiver criado um documento só para cumprir ordens, talvez nunca seja lido por ninguém e, então, terá pouca serventia.

O PM Canvas, ao contrário, é um modelo mental simplificado e poderoso. Você deve ter percebido isso a partir das relações entre as partes que podem ser extraídas do canvas e também dos conceitos implícitos.

Trata-se de uma ferramenta para unir as pessoas, definir de forma colaborativa o que precisa ser feito e ajudar a pôr seu projeto em prática. Ao mesmo tempo, o canvas serve como uma matriz lógica que permite derivações e desdobramentos.

Se você escolher um projeto típico de sua organização e elaborar o canvas com esmero, envolvendo as pessoas que conhecem bem o negócio e também aquelas que pensam sempre um pouco à frente, você gerará uma base muito sólida, que poderá ser aproveitada em projetos subsequentes.

Para que esse canvas seja realmente útil no futuro, invista algum tempo em organizá-lo como uma base: transforme determinadas informações em parâmetros; generalize, expandindo algo que era local para o nível global; pense mais abstratamente e transforme os post-its em componentes, gerando um documento que poderá ser reproduzido para os demais projetos da sua organização.

Neste capítulo, veremos como transformar conhecimentos básicos em etiquetas que possam ser usadas nos próximos canvas, acelerando o processo de planejamento.

**PM Canvas não deve ser encarado como uma lista de regras ou um template. Ele é uma ferramenta para pensar e estruturar o projeto em sua forma mais elementar.**

# A UTILIDADE DE CADA COMPONENTE DO PM CANVAS

## 7.3 "O QUE É QUE EU FAÇO COM ISSO?"

Essa pergunta é feita por muita gente inexperiente após um curso de gerenciamento de projeto, revelando a dura realidade: eles não entenderam a lógica do processo. Alguns seguirão em frente sem tentar responder para que serve cada um dos componentes do plano de projeto — aqueles mesmos que terminarão preenchendo templates de modo automático e irrefletido, gerando documentos que nunca mais serão lidos.

Ora, se você não sabe para o que vai servir, lá na frente, cada componente do seu plano, é melhor não fazer coisa alguma. Não adianta mobilizar esforços para criar um canvas se não aproveitar todos os seus pedacinhos para melhorar o desempenho do seu projeto.

Na verdade, cada elemento do canvas é relevante no processo de gestão do projeto. Veja, a seguir, exemplos concretos disso.

### 7.3.1 O que fazer com as JUSTIFICATIVAS?

A equipe pode usar as justificativas para mostrar aos clientes e a outros *stakeholders* que compreendeu corretamente a situação atual da organização.

Os gestores das áreas que organizam o projeto podem usá-las, ainda, para comprovar que certas demandas das áreas de negócio estão sendo registradas e já estão sendo atendidas por meio de projetos.

Além disso, quando vistas em conjunto com os benefícios, as justificativas dão legitimidade para o patrocinador efetivamente implantar o projeto.

### 7.3.2 O que fazer com o OBJETIVO SMART do projeto?

O gerente pode colocar os objetivos do projeto visíveis, para que todas as partes interessadas, direta e indiretamente relacionadas ao projeto, entendam, em poucas palavras, seu propósito. Como o objetivo é mensurável e delimitado no tempo, no momento da prestação de contas, pode ser usado para conferir, em alto nível ou em nível de negócios, o êxito do projeto.

### 7.3.3 O que fazer com os BENEFÍCIOS?

Em primeiro lugar, o bloco **benefícios** pode ser usado pelos patrocinadores para avaliar se o projeto gera valor, de alguma forma, para a organização promotora (quer seja na forma de aumento de receita, de diminuição de custo, eficiência no uso de ativos ou melhoria de imagem da organização para os acionistas).

Os benefícios também podem ser usados pelos patrocinadores para demostrar a intensidade da contribuição do projeto para os objetivos estratégicos da organização.

No caso de a organização possuir um processo de gestão de portfólio, o alinhamento com a estratégia servirá para priorizar projetos no que concerne à alocação de recursos. Os projetos que contribuírem de forma mais significativa para a estratégia da organização terão mais chances de ganhar a disputa por recursos críticos.

O bloco **benefícios** é útil, por fim, no caso de um comitê de executivos externos avaliar o projeto durante o processo de prestação de contas, após seu encerramento.

### 7.3.4 O que fazer com o PRODUTO?

O bloco **produto** é importante para a validação do projeto, uma vez que oferece direcionamento ao time externo, responsável pela garantia da qualidade do projeto, e fornece bases para a aceitação final do cliente.

### 7.3.5 O que fazer com os REQUISITOS?

Os **requisitos** dão o norte para as ações de gestão da qualidade (por exemplo, os testes). Podem ser detalhados e desdobrados, para contemplar os fornecedores dos níveis mais baixos, e servem, ainda, para a integração de sistemas, revelando o que um subsistema deve atender para funcionar em conjunto com os demais.

### 7.3.6 O que fazer com *STAKEHOLDERS* E FATORES EXTERNOS?

Durante a concepção do plano, o bloco ***stakeholders*** *e* **fatores externos** será usado pela equipe para inventariar premissas. Uma vez que as condições impostas por eles causam impacto no projeto, sua identificação e sua relação com outros componentes do plano determinam os itens a serem monitorados.

Na presença de mudanças significativas no cenário externo, a equipe pode alterar o projeto ou renegociar os compromissos anteriormente estabelecidos.

### 7.3.7 O que fazer com a EQUIPE?

Esse bloco é útil na identificação das fronteiras do sistema do projeto, ajudando a delimitar seu escopo, uma vez que não podem existir tarefas que não sejam feitas pela equipe disponível (incluindo os fornecedores subordinados ao projeto).

O gerente pode usar o componente **equipe do projeto** para demonstrar ao patrocinador que existe coerência entre a amplitude da missão que lhe foi atribuída e os recursos que lhe foram subordinados, ou, então, para solicitar aos patrocinadores maior controle sobre os recursos, aumento de sua esfera de influência ou remoção de certos itens do escopo.

### 7.3.8 O que fazer com as PREMISSAS?

O bloco **premissas** dá a base para o gerente e a equipe construírem o cronograma e o orçamento do projeto.

Se, por exemplo, as premissas estipulam que "durante o período de realização do projeto, teremos 80% de dias de sol" e existe uma restrição que limita o trabalho da equipe a dias com sol, o gerente deve demonstrar coerência no desenvolvimento do cronograma, diminuindo, no calendário, os dias úteis de trabalho.

Esse bloco também informa ao patrocinador quando as promessas feitas tendem a ser desarmadas. Se as premissas não se mostrarem verdadeiras, as entregas relacionadas a elas não serão feitas dentro do previsto.

As premissas comunicam para os *stakeholders* externos aquilo de que necessitamos e que só eles podem fornecer. Por isso mesmo, é interessante que sejam corresponsáveis e assinem as premissas junto com a equipe.

### 7.3.9 O que fazer com os GRUPOS DE ENTREGA?

O bloco **grupos de entrega** ajuda a motivar quem trabalha no projeto. Quando se visualizam as entregas do projeto, os envolvidos tendem a se sentir responsáveis por aquilo que estão produzindo — e orgulhosos de seu trabalho.

Os grupos de entregas permitem ao gerente pedir soluções para a equipe em vez de simplesmente passar instruções de trabalho. Pensar em grupos de entregas significa dar espaço para a própria equipe determinar quais os melhores caminhos e as atividades mais adequadas para atingir determinado resultado.

A partir desse bloco do canvas, podemos medir o trabalho e verificar se foi concluído a contento.

Vale lembrar que, no canvas, os grupos de entregas são listados de cima para baixo, em uma coluna, na ordem em que são realizados no projeto. Se imaginássemos o projeto de caçar a baleia Moby Dick, concebido sob a perspectiva do capitão do navio, as entregas seriam feitas como mostra a Figura 7.2.

**Figura 7.2** Grupo de entregas no projeto de Caça à Baleia Moby Dick

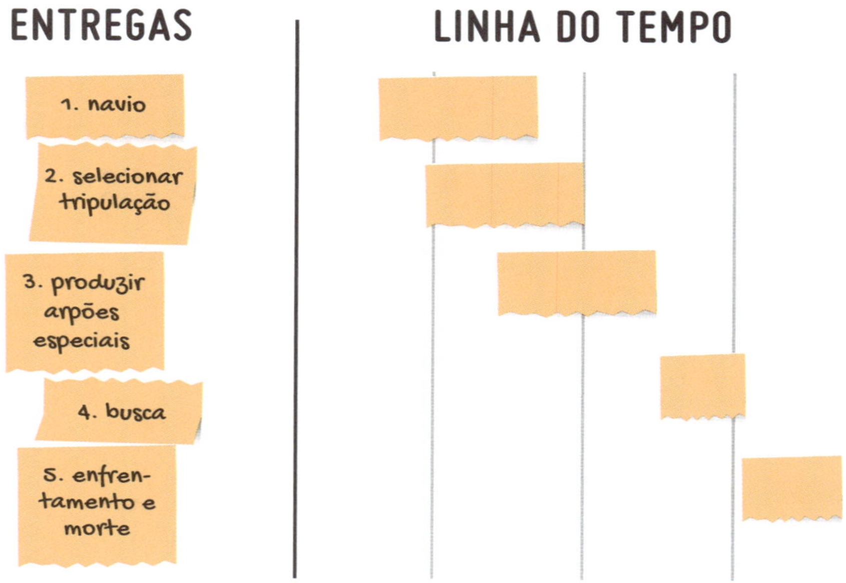


Fonte: elaborada pelo autor.

Se utilizássemos um *software* de gerenciamento de projetos, chegaríamos a um cronograma similar ao da Figura 7.2.

Mas, atenção: o cronograma derivado do canvas deve compreender um conjunto enxuto de atividades de entrega!

Se as entregas estiverem com um nível de detalhamento muito baixo na primeira versão do cronograma, poderão, ainda, ser decompostas em entregas menores, como mostra a Figura 7.3.

**Figura 7.3** Entregas decompostas no projeto de Caça à Baleia Moby Dick

| ID | ATIVIDADE |
|---|---|
| 1 | **Projeto Caça à Baleia Moby Dick** |
| 2 | Início |
| 3 | **Navio** |
| 4 | Construir *business case* |
| 5 | Apresentar para dono do navio |
| 6 | Fechar contrato |
| 7 | **Seleção da tripulação** |
| 8 | Montar local de entrevistas no porto |
| 9 | Divulgar vagas na taberna |
| 10 | Entrevistar e contratar candidatos |
| 11 | **Produção de arpões especiais** |
| 12 | Elaborar design do arpão especial MD |
| 13 | Forjar arpões |
| 14 | Testar arpões |
| 15 | **Busca** |
| 16 | Selecionar regiões mais prováveis |
| 17 | Coletar relatos de avistamentos |
| 18 | Localizar local preciso |
| 19 | **Enfrentamento e morte** |
| 20 | Atrair MD |
| 21 | Enfrentar MD |
| 22 | Exibir coração de MD |

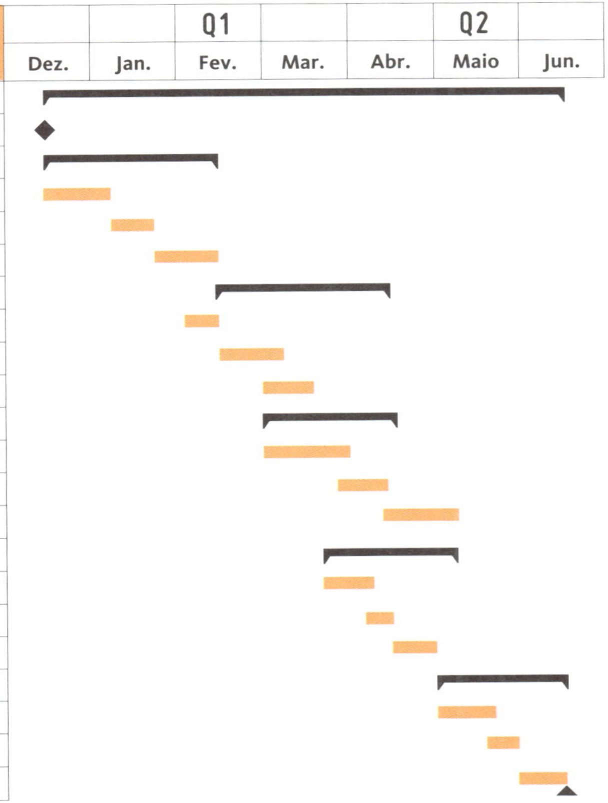

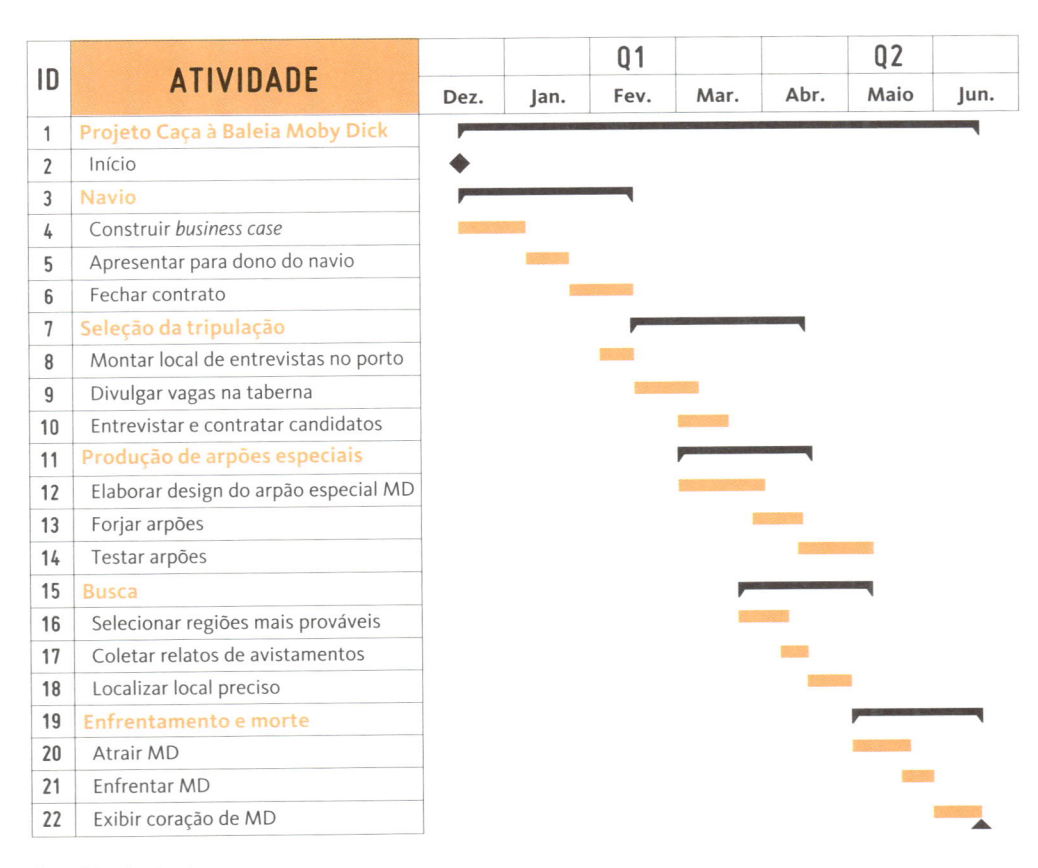

Fonte: elaborada pelo autor.

## 7.3.10 O que fazer com as RESTRIÇÕES?

O gerente deve se certificar de que as restrições se encontram desdobradas em todos os níveis de trabalho e subsistemas do projeto, assegurando-se de que as pessoas envolvidas não apenas entendem quais são as restrições, como também oferecem soluções viáveis. Portanto, em um primeiro momento, cabe ao gerente dar visibilidade às restrições em todos os níveis necessários.

Se perceber que não existem cenários que contemplem o cumprimento do trabalho de forma que todas as restrições sejam respeitadas, o gerente pode ter de declarar a inviabilidade do projeto.

Se o projeto for adiante, a liderança deve controlar o cumprimento das restrições, ou, pelo menos, garantir indícios de que provavelmente serão cumpridas. A organização promotora do projeto também pode auditar o gerente de projeto, a fim de verificar se as restrições negociadas estão sendo cumpridas ou tendem a sê-lo.

Quanto mais cedo esses controles e auditorias forem implantados, maior será a chance de estabelecer medidas corretivas que, se preciso for, coloquem o projeto novamente no trilho do cumprimento das restrições.

Ainda que as metas de custo e de prazo possam ser as restrições mais populares, o sistema de monitoramento não pode se limitar somente a essas duas.

### 7.3.11 O que fazer com os RISCOS?

A avaliação global de riscos serve, antes de mais nada, para o patrocinador julgar se deseja realizar o projeto da maneira como foi concebido. Pode ser que o projeto em questão represente mais riscos do que o patrocinador poderia assumir, ou, então, que dentro da carteira de projetos em execução na organização, já exista um volume significativo de riscos assumidos, não sendo recomendável a adição de novos riscos dessa proporção.

Enfim, com base na avaliação global de risco, o patrocinador pode eventualmente pedir o cancelamento do projeto, a suspensão temporária de sua execução ou a modificação do conceito, para que a avaliação geral de risco desça a patamares aceitáveis.

Quanto à avaliação dos riscos específicos, o gerente deve usá-la para desenvolver respostas iniciais aos riscos mais significativos. Essa será a primeira de uma série de identificações de riscos pontuais que deve ser feita ao longo do projeto.

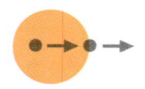

### 7.3.12 O que fazer com a LINHA DO TEMPO?

A **linha do tempo** funciona como ligação entre o mundo dos compromissos e o mundo das atividades. Provavelmente, o cronograma será desenvolvido com base no detalhamento técnico do trabalho a ser feito. O responsável por sua elaboração tentará conciliar os cenários técnicos com os compromissos de entregas assumidos, ou, se isso não for possível, solicitar à liderança do projeto que novos compromissos sejam estabelecidos.

### 7.3.13 O que fazer com os CUSTOS?

No canvas, o orçamento registra metas compromissadas, mais do que cálculos detalhados. Portanto, o mesmo raciocínio da linha de tempo vale para o bloco **custos**: ele fornece as bases para a elaboração do orçamento final e um detalhamento posterior permite corroborar as metas assumidas ou então serve de alerta de que uma renegociação precisa ser feita junto aos patrocinadores.

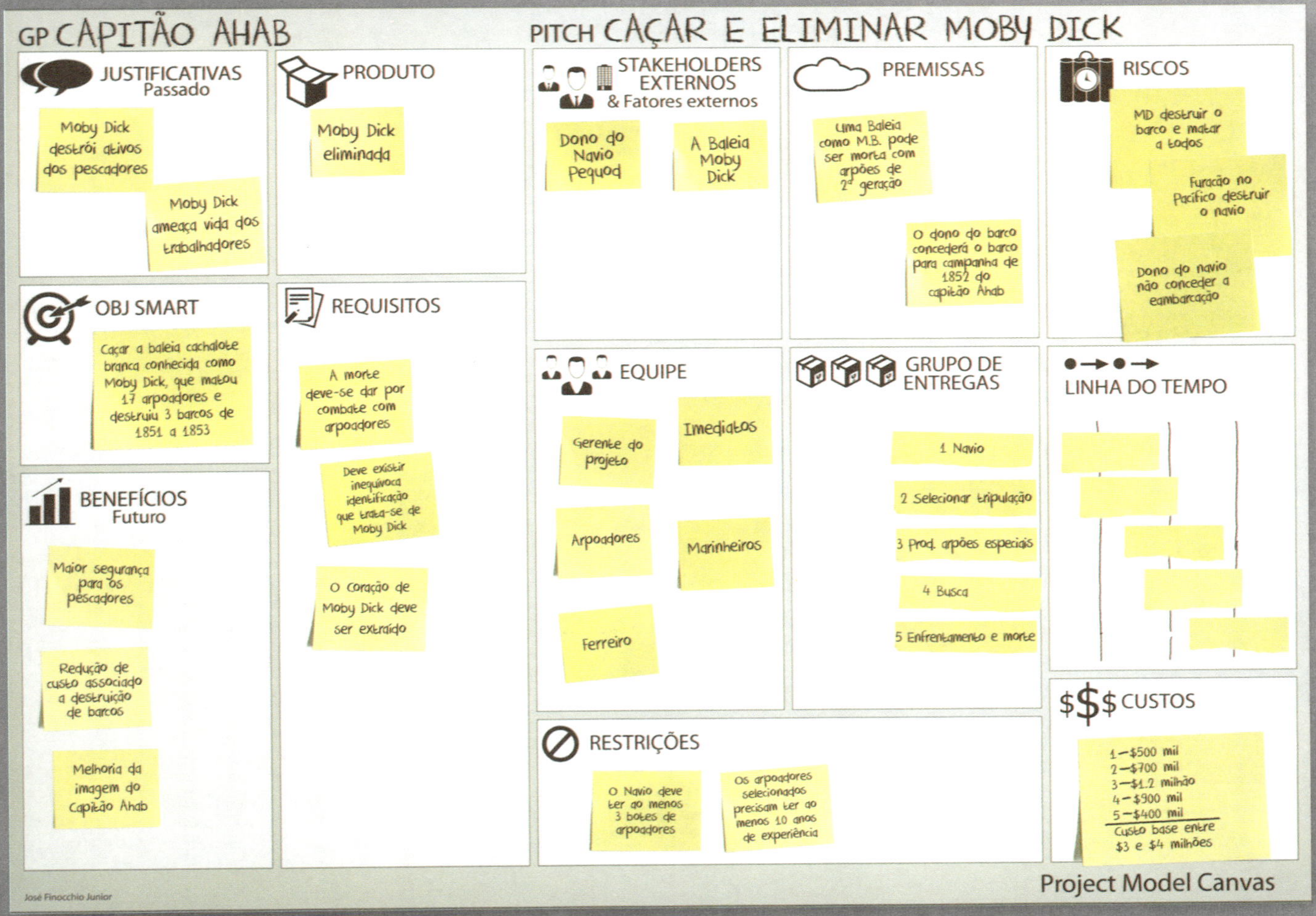
GP CAPITÃO AHAB
PITCH CAÇAR E ELIMINAR MOBY DICK
JUSTIFICATIVAS Passado
Moby Dick destrói ativos dos pescadores
Moby Dick ameaça vida dos trabalhadores
PRODUTO
Moby Dick eliminada
STAKEHOLDERS EXTERNOS & Fatores externos
Dono do Navio Pequod
A Baleia Moby Dick
PREMISSAS
Uma Baleia como M.B. pode ser morta com arpões de 2ª geração
O dono do barco concederá o barco para campanha de 1852 do capitão Ahab
RISCOS
MD destruir o barco e matar a todos
Furacão no Pacífico destruir o navio
Dono do navio não conceder a embarcação
OBJ SMART
Caçar a baleia cachalote branca conhecida como Moby Dick, que matou 17 arpoadores e destruiu 3 barcos de 1851 a 1853
REQUISITOS
A morte deve-se dar por combate com arpoadores
Deve existir inequívoca identificação que trata-se de Moby Dick
O Coração de Moby Dick deve ser extraído
EQUIPE
Gerente do projeto
Imediatos
Arpoadores
Marinheiros
Ferreiro
GRUPO DE ENTREGAS
1 Navio
2 Selecionar tripulação
3 Prod. arpões especiais
4 Busca
5 Enfrentamento e morte
LINHA DO TEMPO
BENEFÍCIOS Futuro
Maior segurança para os pescadores
Redução de custo associado a destruição de barcos
Melhoria da imagem do Capitão Ahab
RESTRIÇÕES
O Navio deve ter ao menos 3 botes de arpoadores
Os arpoadores selecionados precisam ter ao menos 10 anos de experiência
$$$ CUSTOS
1—$500 mil
2—$700 mil
3—$1.2 milhão
4—$900 mil
5—$400 mil
Custo base entre $3 e $4 milhões
José Finocchio Junior
Project Model Canvas

# CONCLUSÃO DA PARTE I

A época em que se criava solitariamente um plano de projeto tradicional de múltiplas páginas para depois enviá-lo aos demais *stakeholders* parece extinta. É rara a organização que oferece tempo ao colaborador para o escrever — e mais raro ainda é encontrar pessoas dispostas a lerem o plano pronto.

O Project Model Canvas oferece a oportunidade de elaborar um plano de projeto em equipe, envolvendo os principais *stakeholders*, que permite cocriar, em uma única sessão, um plano completo. O plano nasce como modelo mental, com força nos conceitos e nas ideias que carrega, e permanece vivo na cabeça dos *stakeholders*, não no papel.

A equipe poderá usar o protocolo de integração do Project Model Canvas para costurar todos os elementos e torná-los consistentes. É possível que, durante a realização do exercício, a equipe descubra dificuldades em prosseguir com o exercício, mas o quanto antes forem identificadas, com mais rapidez e assertividade serão resolvidas.

Quando, finalmente, estiver pronto, o Project Model Canvas será a alma do projeto, sendo usado para derivar outros documentos e outras plataformas que podem ser aproveitadas como capital intelectual.

# PARTE II

## GESTÃO DA EXECUÇÃO DO PROJETO

# 8

## GESTÃO DA EXECUÇÃO DE PROJETOS

# O CAMPO DA CONSTRUÇÃO

## 8.1 EXECUÇÃO SEM BUROCRACIA

Na primeira parte deste livro, dediquei-me exclusivamente ao planejamento de projetos e a como fazê-lo de maneira colaborativa e menos burocrática. Nesta segunda parte, dedico-me também à execução dos projetos, complementando a missão.

Aqui apresentarei novas técnicas, que foram pensadas para funcionar também em ambientes complexos com múltiplos projetos competindo por recursos. São técnicas diferentes daquelas com as quais os profissionais de gerenciamento de projetos estão acostumados – portanto, há uma curva de aprendizado com algum esforço, mas os benefícios mais do que compensam.

A inovação não é um objetivo em si; essas ferramentas foram desenhadas para aprimorar a gestão sobre a execução de projetos, por meio de maior visibilidade do fluxo de trabalho e para onde devem ser direcionadas as ações que possibilitem melhorar a geração de valor dos projetos. As técnicas aqui apresentadas diminuem o prazo dos projetos sem aumentar recursos, além de melhorar o fluxo de caixa, postergando desembolsos e adiantando entregas. As ferramentas de gestão são válidas para todos os níveis envolvidos, desde executivos que gerenciam múltiplos projetos, gerentes que cuidam de um projeto específico até membros da equipe que realizam trabalhos para múltiplos projetos.

## 8.2 PLANEJAMENTO DETALHADO DA ENTREGA E CONTROLE DA EXECUÇÃO DOS PROJETOS

Você usou o PM Canvas para ter uma visão geral dos quatros campos PCUV (Problema, Construção, Uso e Valor). Nas próximas páginas, vamos expandir um pouco mais o campo da construção e aprender novas ferramentas colaborativas de planejamento detalhado, bem como compreender os conceitos de gestão da execução.

Imagine que você estivesse a cargo da construção de uma casa. Visualize-se ao final do projeto, orgulhoso de entregar a casa pronta ao cliente e receber os parabéns pelo excelente trabalho. Agora, imagine que um dia antes você estava colocando o piso, e um dia ainda antes disso, talvez finalizando o forro, e assim por diante. Voltando no tempo até o início do projeto, você se veria, então, em uma corrente de entregas. Sabe por que é importante fazer esse exercício pensando de trás para frente, do final do projeto para o início? Justamente para não adicionar nenhuma entrega que não esteja conectada com aquilo que o cliente pediu.

Chamamos esse exercício de *handoff network*, e agora vamos aprender como fazê-lo de maneira colaborativa usando notas adesivas.

Para modelar adequadamente o *workflow* de construção é preciso quebrá-lo em partes, como os blocos de plástico do brinquedo Lego, que se encaixam um ao outro.

Seguindo nessa analogia, observe que cada bloco possui múltiplas entradas (tubos) e também múltiplas saídas (pinos). A lógica da montagem dos brinquedos é que a saída de um bloco se encaixa na entrada do próximo bloco, que por sua vez tem sua saída conectada na entrada de um bloco subsequente, certo?

De maneira semelhante, modelaremos o *workflow* do campo construção dos projetos na forma de componentes, que chamaremos de **pacotes de serviço,** que possuem entradas e saídas que se encaixam. Representaremos cada pacote de serviço com notas adesivas.

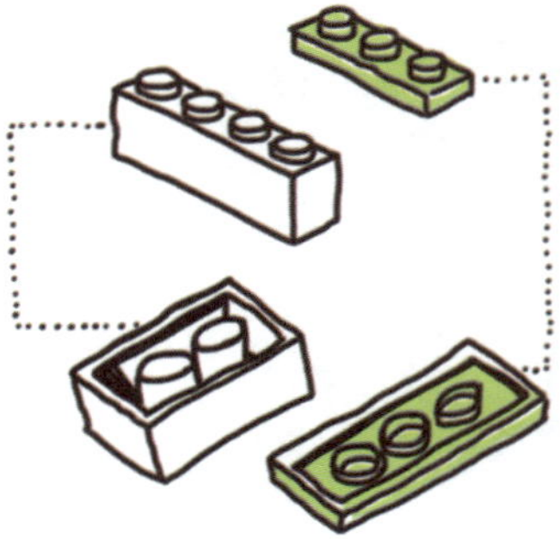

**Repare na anatomia de um bloco desse brinquedo: ele possui pinos e tubos que se encaixam. Podemos dizer que os pinos são as saídas que irão se conectar às entradas, os tubos.**

## HANDOFF NETWORK

- Inteligência coletiva
- Processo de descoberta do *workflow* de execução
- Detalhamento determinado pelo processo conhecido
- *Deliverables* marcadores de entrada e saída claramente delimitam os pacotes de serviço

Existe uma padronização da informação de cada pacote de serviço. Isso é muito importante, pois há um "balanço para ser fechado", e a soma de tudo produzido deve ser igual à somatória de tudo consumido. Por isso, digo que modelamos o projeto em **partida dobrada**, segundo a teoria do "pai da contabilidade", Luca Pacioli,[1] ou seja, créditos e débitos devem bater, tudo deve ter origem e destino.

**Figura 8.1** Pacote de serviço representado com notas adesivas

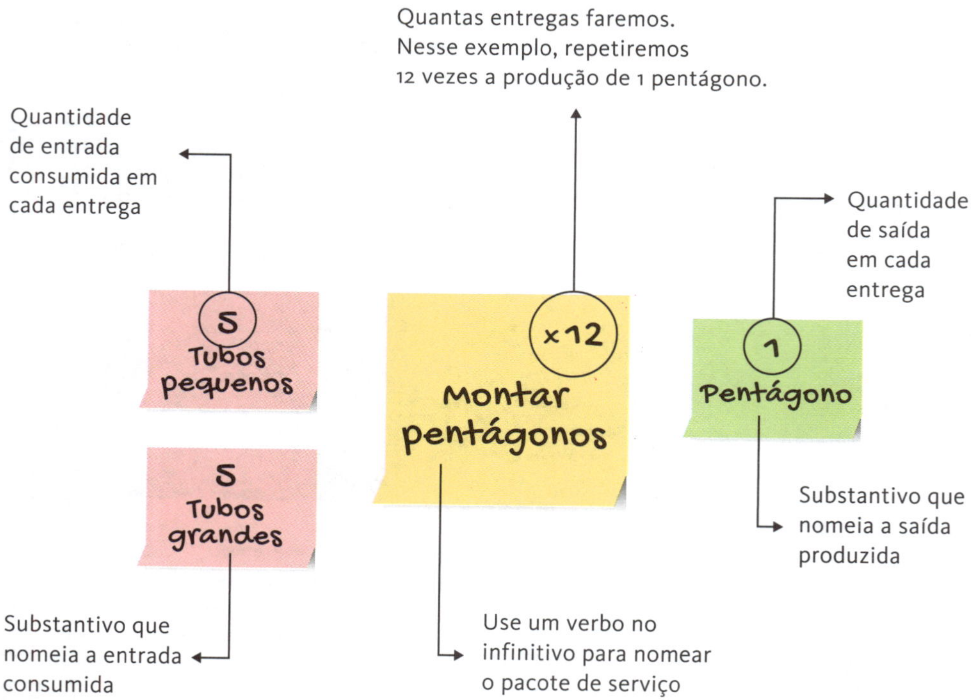


Fonte: elaborada pelo autor.

[1] Luca Bartolomeo de Pacioli, nascido na Itália no século XV, foi um monge franciscano e excepcional matemático. É considerado o "pai da contabilidade moderna" por ser o criador do Método de Partidas Dobradas – em cada lançamento, o valor total lançado nas contas a débito deve ser sempre igual ao total do valor lançado nas contas a crédito.

Deve-se pegar uma grande folha de papel (por exemplo, uma folha de flip-chart) e, com a participação de todos os lideres técnicos e alguns executores, pensar o projeto de trás para frente, na forma de pacotes de serviço. A entrada de um pacote de serviço pede pela saída do pacote de serviço antecessor, e assim vai "puxando" o planejamento.

Não é preciso se preocupar muito com a distribuição dos pacotes na folha. Isso pode ser reorganizado e embelezado depois, pois as notas adesivas podem ser movidas. As entradas e saídas é que vão efetivamente determinar a conexão entre os pacotes de serviço, não o posicionamento na folha.

Começa-se então pelo fim da folha (canto inferior direito) e vai-se organizando os pacotes de serviços até chegar ao canto superior esquerdo, que representa o início do projeto.

O mais importante é a participação de toda a equipe técnica que precisará executar o projeto (líderes das frentes, arquitetos, técnicos, executores etc.). É muito raro um projeto em que apenas uma pessoa domine todo o ciclo de construção. Na realidade, é sempre preciso envolver muitas pessoas, para que cada um conte (e entenda) sua parte na construção do produto do projeto.

ACABAMENTO
MONTAGEM
CORTE
ENROLAÇÃO

## 8.3 PACOTES DE SERVIÇO

Os **pacotes de serviço** representam todo o trabalho realizado num projeto. Além de representar as horas de trabalho no projeto, os pacotes de serviço também podem ser interpretados como um processo que recebe *input* de um outro "pacote de serviço fornecedor", realiza um processo de agregação de valor e produz o *output*, que nada mais é que a entrega do "pacote de serviço cliente".

Se enxergarmos os principais pacotes de serviço de um projeto funcionando em rede ao longo da cadeia, conseguiremos enxergar todos os processos do projeto. Esse é o objetivo do *handoff network*.

Perceba na Figura 8.2 que não existe uma ligação explícita (como setas de conexão) de um pacote de serviço com outro. A ligação se dá apenas pela produção de um *deliverable* por um pacote (saída) e pelo consumo desse mesmo *deliverable* por outro pacote (entrada). O diagrama *handoff network* modela o projeto como uma rede de processos e mostra todos os *handoffs* do projeto ao longo de uma cadeia de valor.

O *handoff* transfere sempre uma quantidade discreta de *deliverables*, podendo ser em uma entrega única ou em múltiplos lotes.

**Figura 8.2** Diagrama *handoff network*

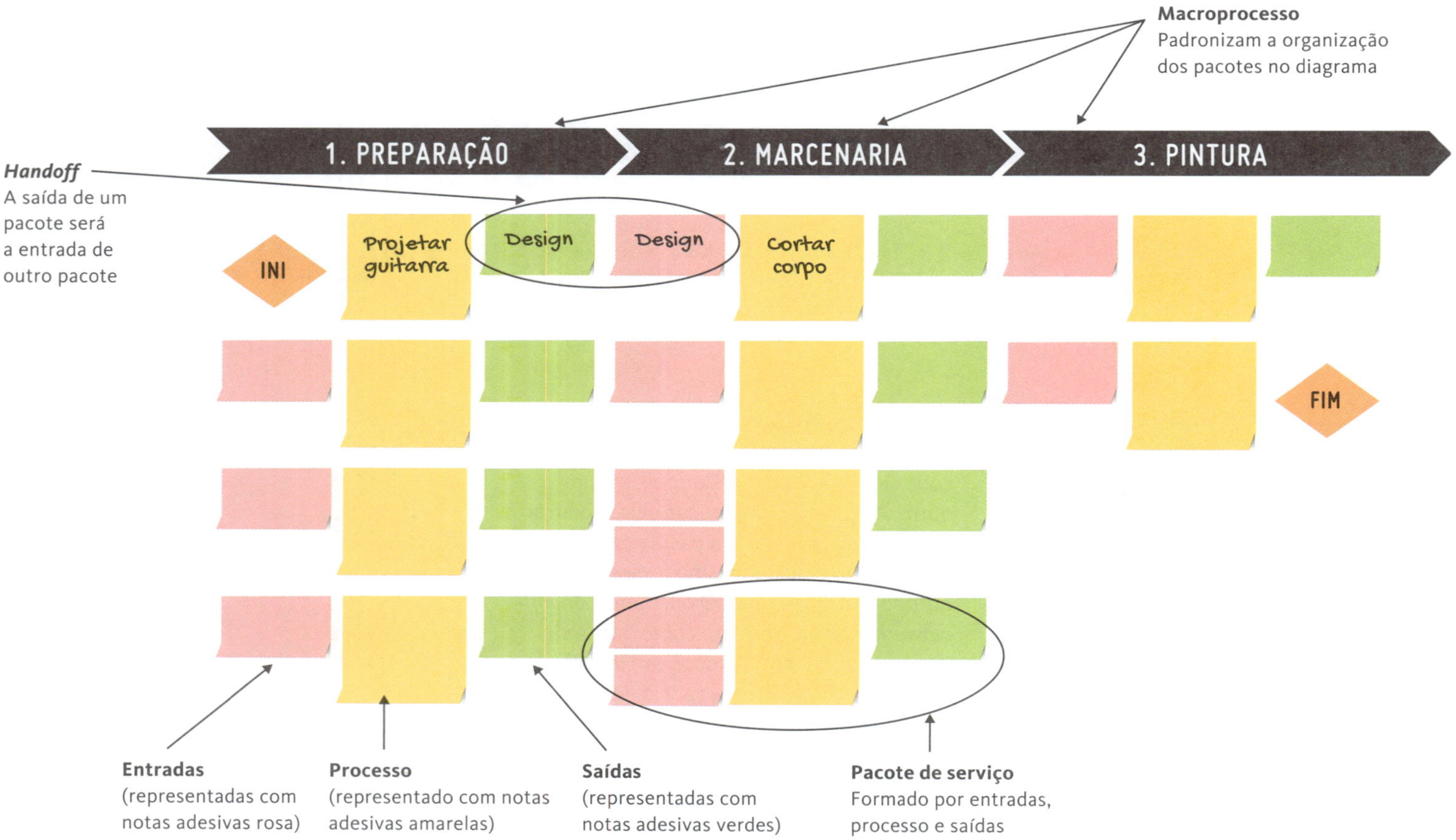

**Macroprocesso**
Padronizam a organização dos pacotes no diagrama
1. PREPARAÇÃO
2. MARCENARIA
3. PINTURA
***Handoff***
A saída de um pacote será a entrada de outro pacote
INI
Projetar guitarra
Design
Design
Cortar corpo
FIM
**Entradas**
(representadas com notas adesivas rosa)
**Processo**
(representado com notas adesivas amarelas)
**Saídas**
(representadas com notas adesivas verdes)
**Pacote de serviço**
Formado por entradas, processo e saídas

Fonte: elaborada pelo autor.

**Um *handoff* do projeto acontece quando um membro da equipe no papel de fornecedor transfere *deliverables* produzidos para outro *stakeholder* no papel de cliente.**

### 8.3.1 Formato Sipoc

O diagrama *handoff network* com seus pacotes de serviço pode lembrar uma Estrutura Analítica do Projeto (EAP) com seus elementos de menor nível, os tradicionais pacotes de trabalho. Essa semelhança é apenas aparente, pois um *handoff network* modela pacotes no formato Sipoc (Supplier-Input-Process-Output-Customer).[2]

Justamente para diferenciá-los da definição original advinda das WBS e do modelo do PMI, batizei-os de **pacotes de serviço**. Eles herdam algumas propriedades dos tradicionais pacotes de trabalho, mas, diferentes destes, têm propriedades explícitas de **processos**. Portanto, de uma maneira única, no *handoff network* os pacotes de serviço são exibidos como **fornecedor-cliente** (Sipoc), conforme a Figura 8.3.

---

[2] Na terminologia *Lean Six Sigma*, Sipoc é a representação de um processo no formato "fornecedor/entrada/processo/resultado/cliente", sendo, portanto, uma eficaz ferramenta para mapear processos e entender melhor o trabalho executado, promovendo melhoria contínua.

**Figura 8.3** Diagrama *handoff network* formato Sipoc

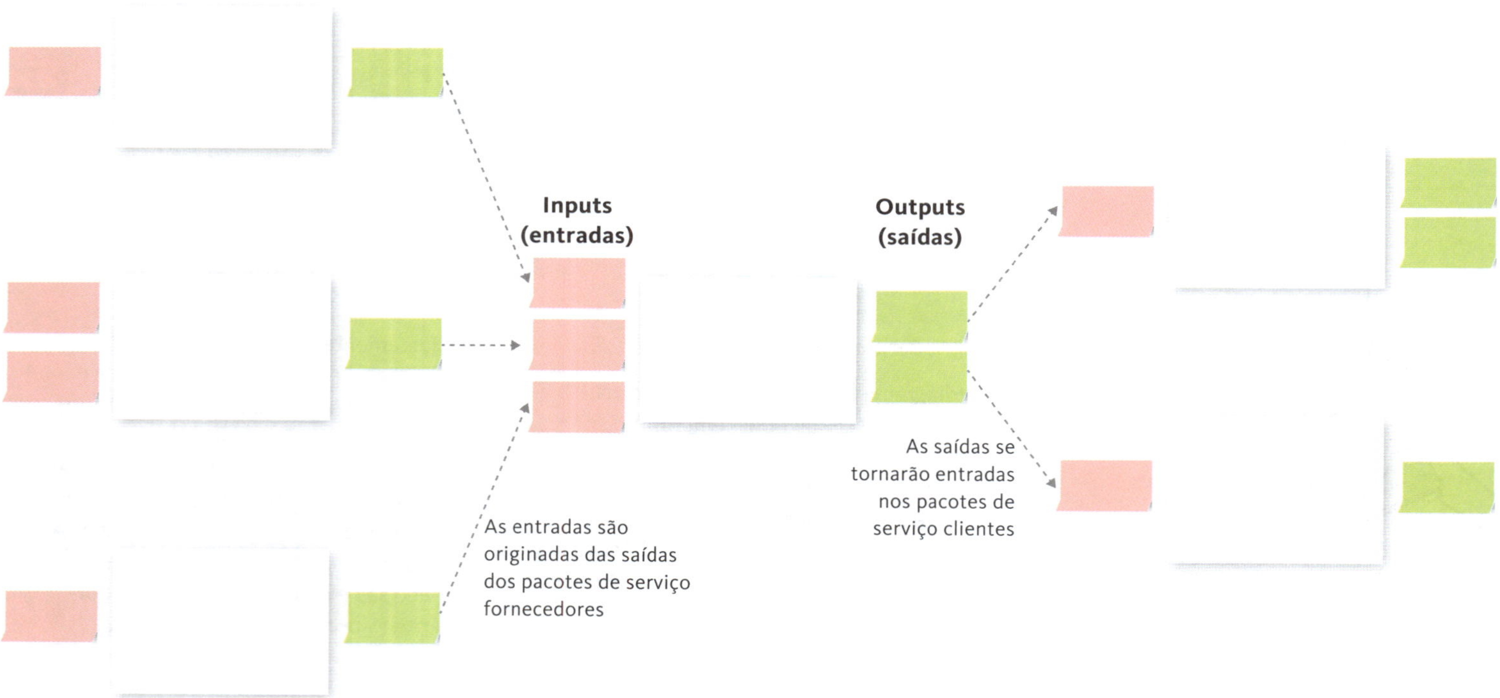

Inputs (entradas)
Outputs (saídas)
As entradas são originadas das saídas dos pacotes de serviço fornecedores
As saídas se tornarão entradas nos pacotes de serviço clientes

Fonte: elaborada pelo autor.

## 8.4 DOMOS GEODÉSICOS, UM EXEMPLO PARA GERENTES DE PROJETO

Quando comecei minha carreira como educador de gerenciamento de projetos, me encantei com a possibilidade de construir domos geodésicos feitos de papel na sala de aula, pois eles cabiam na sala de aula e tinham complexidade suficiente para simular um projeto real, com diversos papéis e responsabilidades.

Assim, criei um workshop de gerenciamento de projetos no qual ensinava os conceitos do Guia PMBOK por meio da construção de domos geodésicos de papel. Dividia a sala de aula em equipes de 6 a 8 participantes, e essas equipes competiam entre si para entregar os requisitos do cliente no prazo e custo prometidos.

Um pouco depois, Ricardo Viana Vargas[3] juntou-se a mim. Transformamos então esse workshop em um produto educacional completo, o qual denominamos **PMDome.**

Enrolar

Cortar

Montar polígonos

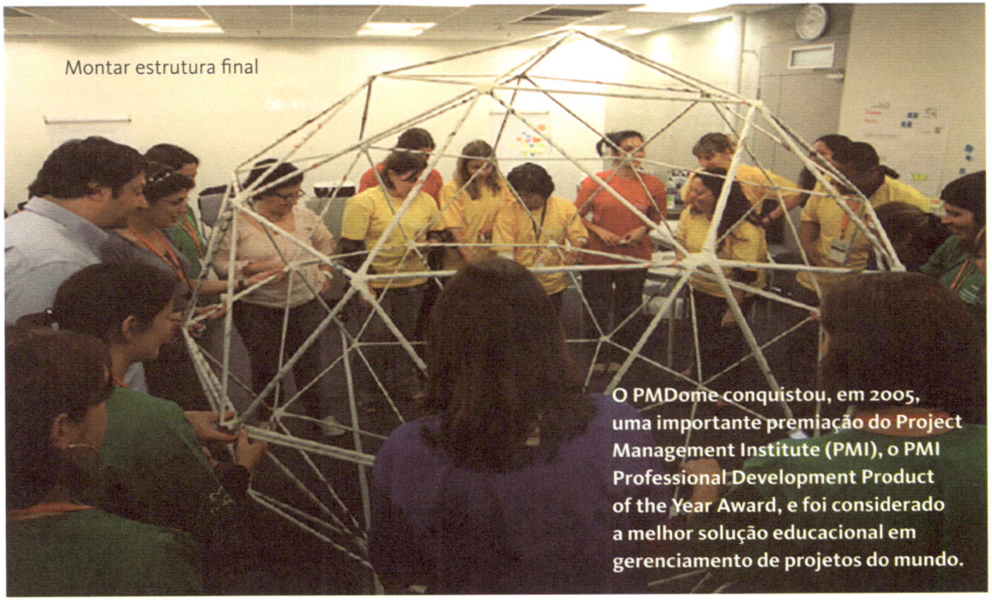


**O PMDome conquistou, em 2005, uma importante premiação do Project Management Institute (PMI), o PMI Professional Development Product of the Year Award, e foi considerado a melhor solução educacional em gerenciamento de projetos do mundo.**

---

3 Ricardo Viana Vargas é um renomado especialista em gerenciamento de projetos e implementação de estratégias.

Realizei inúmeras vezes esse workshop, observando mais de 300 turmas ao longo de 10 anos, o que permite que eu afirme que uma equipe eficiente é aquela que segue as melhores práticas de planejamento de projetos, conseguindo construir seu domo geodésico em 40 minutos.

Porém, após alguns anos fazendo dessa maneira, comecei a experimentar exatamente o mesmo desafio só que seguindo os preceitos Lean e T.o.C (do inglês, *Theory of Constraints, a teoria das restrições*), e, mesmo mantendo os mesmos recursos, o prazo para a construção do domo geodésico caiu para cerca de 20 minutos. A modificação do tempo se deu somente pela redução do tamanho de lotes, implantação do fluxo contínuo com trabalho puxado, do balanceamento fluxo de *deliverables* com Takt time entre os recursos, sem modificar o trabalho das pessoas e nem apressá-las.

Provavelmente esse tipo de experiência pode ter sido realizada diversas vezes em aulas de engenharia de produção, mas, para um profissional de gerenciamento de projetos, isso ainda surpreende! A área de gerenciamento de projetos ainda está nos primórdios quanto à adoção do *Lean Management* (gestão enxuta); existem pessoas que duvidam que os métodos ágeis são mais rápidos ou acreditam no mito que a economia de tempo é obtida porque o método ágil gasta tempo com planejamento.

Neste livro, usarei o exemplo da construção de um globo geodésico para demonstrar a capacidade de trabalhar com elementos integrativos e construções físicas, fugindo assim do lugar comum de exemplos que trabalham com desenvolvimento de *softwares* e histórias de usuários.

A Figura 8.4 mostra o que é necessário para se construir um domo geodésico.

**Figura 8.4** Requisitos para construção de um globo geodésico

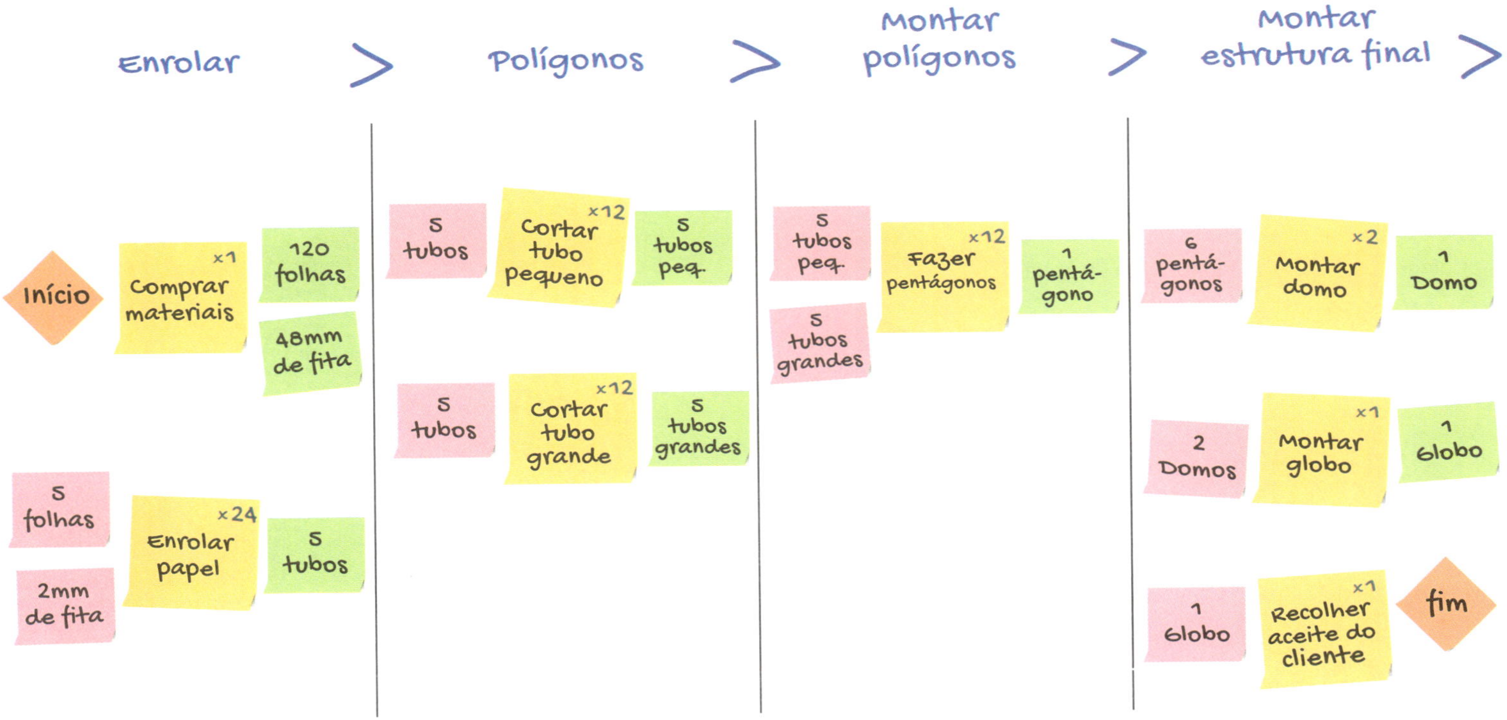


Fonte: elaborada pelo autor.

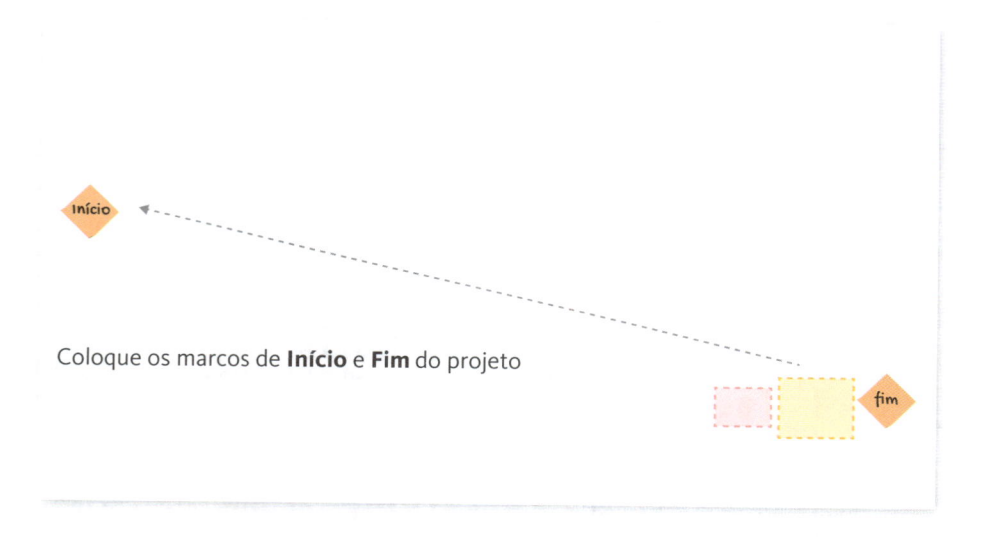


Coloque os marcos de **Início** e **Fim** do projeto

Partindo do marco de **Fim**, imagine recebendo do cliente o aceite final do projeto por ter entregado com sucesso o produto final do projeto. Que produto é esse?
Neste exemplo, é um globo geodésico e que precisa ser produzido.

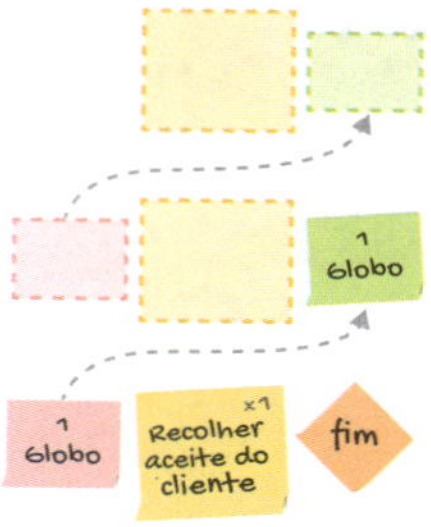

## 8.5 POR QUE O *HANDOFF NETWORK* É CONSTRUÍDO DO FINAL PARA O INÍCIO?

Imaginamos o produto sendo entregue para o cliente e nos perguntamos recorrentemente o que é o mínimo necessário para isso acontecer, quais pacotes precisam ser feitos. Esse processo visa excluir trabalho que não contribui estritamente para entregar o produto final do projeto. Não é um trabalho analítico de decomposição de pacotes de trabalho em pacotes menores, mas, sim, um trabalho de olhar o resultado e ir recuando para trás no tempo, perguntando o que é necessário para ter o resultado pretendido, até chegar no início do projeto. Um *deliverable* vai puxando seus anteriores e, embora pareça difícil, ao final dessa empreitada sempre acabamos por entender o projeto de uma maneira mais simples e sintética.

Essa prática de construir de trás para frente, inspirada nos princípios Lean, também é adotada no Lean Construction e lá é chamada de *pull planning*.

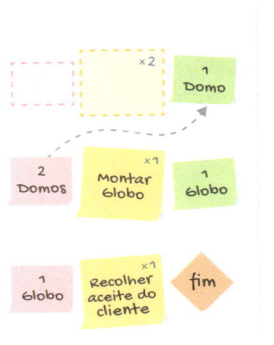

## 8.6 CONSISTÊNCIAS A SEREM FEITAS

Existem duas regras de consistência para o *handoff network* que você irá produzir. Chamei-as de **regra estática** e **regra dinâmica**.

A regra estática serve para ver se a lógica do fluxo está boa. Se você somar todos os *deliverables* produzidos com suas quantidades e subtrair todos os *deliverables* consumidos com suas quantidades, a conta precisa dar zero.

**Figura 8.5** Regra estática

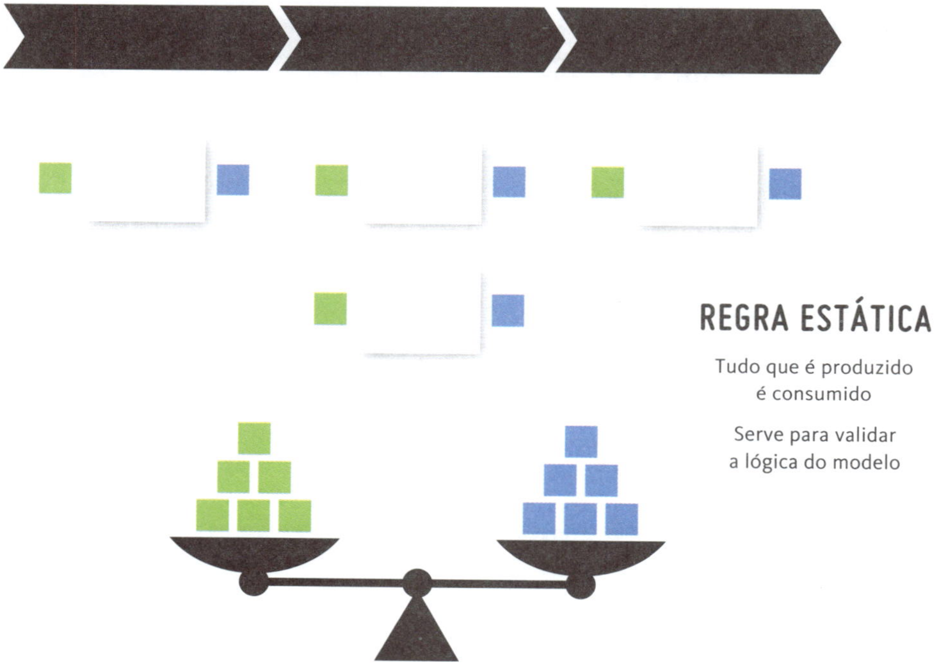

REGRA ESTÁTICA
Tudo que é produzido é consumido
Serve para validar a lógica do modelo


Fonte: elaborada pelo autor.

Já a regra dinâmica serve para dimensionar adequadamente o tamanho da equipe.

**Figura 8.6** Regra dinâmica

FORNECEDOR
CLIENTE
Fluxo de produção
Fluxo de consumo
Estoque
Fluxo de produção = Fluxo de consumo
REGRA DINÂMICA
O fluxo de produção de *deliverables* deve ser proporcional ao fluxo de consumo de *deliverables*, considerando-se variações por causas comuns ou especiais.
Serve para otimizar uso do recurso e acelerar projetos.
FLUXO = *DELIVERABLE*/TEMPO
Modificando a quantidade de recursos alocados conseguimos modificar o fluxo

Fonte: elaborada pelo autor.

**DICA**
*do*
**ESPECIALISTA**

O diagrama *handoff* é a primeira ferramenta que apresentarei sobre o Takt PM (metodologia híbrida que combina princípios do Lean para entregar projetos mais rápido gastando menos recursos). Existem outras bem interessantes e que também se integram ao Takt PM, mas, por enquanto, que tal trazer o diagrama *handoff* para seu projeto?

Trabalhe esse conhecimento em seu projeto, junto com sua equipe, e depois conte o que descobriu.

E, lembre-se: também é possível produzir um diagrama *handoff* no papel, utilizando post-its.

## 8.7 CADEIA DE VALOR E MACROPROCESSOS

Finalizamos um *handoff network* colocando no seu topo um conjunto de setas sequenciadas, que representam a cadeia de valor típica da organização. Por exemplo, uma área de tecnologia poderia ter a cadeia de valor representada na Figura 8.7 para todos os seus projetos, padronizando-os.

Em uma visão mais clara, portanto, podemos enxergar o projeto como **cadeia de valor,** onde os insumos vão sendo transformados em *deliverables*, cada vez mais próximos daquilo que o cliente deseja e que, ao longo da cadeia, vão sendo integrados, constituindo o produto final do projeto a ser entregue. Temos, assim, no início dessa cadeia, os insumos, e no final dela, o produto do projeto pronto e aceito.

Na Figura 8.8 vemos outro exemplo, a cadeia de valor na montagem de um carrinho de madeira, que é formada por macroprocessos: design; aquisições; fabricação; montagem e testes. Cada macroprocesso recebe subsídios e alimenta macroprocessos subsequentes, em um fluxo contínuo.

Os macroprocessos componentes da cadeia de valor, por sua vez, podem ser quebrados em processos menores. Por exemplo, o processo **fabricação** pode ser quebrado em duas etapas: **fabricação da carroceria** e **fabricação das rodas**.

É importante padronizar os macroprocessos que constituem a cadeia de valor no topo do diagrama de *handoff*, pois isso permite mostrar o progresso de múltiplos projetos em um único quadro. Na hora de transpor o *handoff* para algum banco de dados, o macroprocesso pode ser representado por algum atributo do pacote de serviço.

**Figura 8.7** Cadeia de valor de um projeto de tecnologia

Fonte:

**Figura 8.8** Cadeia de valor na montagem de um carrinho de madeira

| CADEIA DE VALOR | | | | |
|---|---|---|---|---|
| **Design** | **Aquisições** | **Fabricação** | **Montagem** | **Testes** |
| 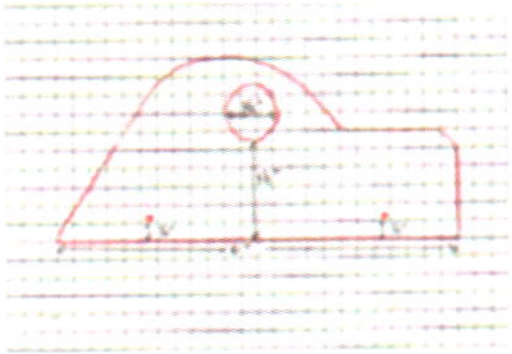 |  |  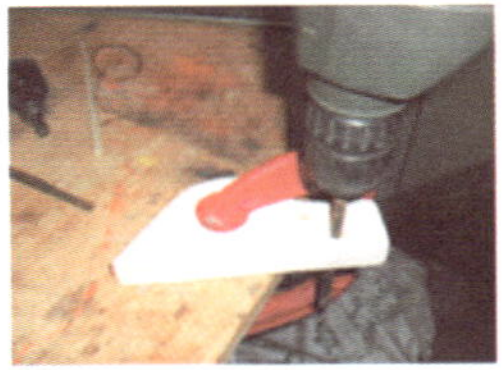 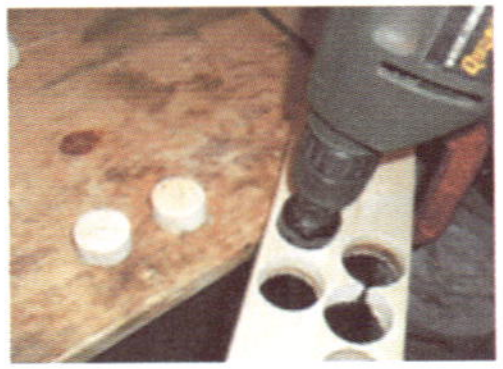 |   |  |

Fonte: GOODOLDLUKE. How to make a wooden toy car. *Instructables living*, 2019. Disponível em: <http://www.instructables.com/id/How-to-Make-a-Wooden-Toy-Car/?ALLSTEPS>. Acesso em: set. 2019.

# 9

## *CONSTRUCTION STORIES*: HORIZONTALIDADE, PROPÓSITO E FLUXO NO GERENCIAMENTO DE PROJETOS

# POR QUE ESTAMOS FAZENDO AQUILO QUE ESTAMOS FAZENDO?

## 9.1 DERIVAR *CONSTRUCTION STORIES* DE *HANDOFF NETWORK*

Agora que você já um especialista em construir *handoff network* (se ainda não tentou construir um projeto real, deveria ter tentado!), podemos aprender a derivar dele a *construction stories*, uma utilíssima ferramenta de comunicação na jornada do projeto no campo da construção.

A vantagem número um das *construction stories* é que elas ensinam ao dono do pacote de serviço o propósito pelo qual ele está construindo aqueles *deliverables* específicos, quem os usará e por que serão úteis. Isso é importante porque é uma maneira de combater a tão tradicional prática de fazer algo sem saber **por que** está fazendo.

Podemos chamar de **verticalidade organizacional** o hábito bastante comum de membros de uma equipe de projetos ficarem encastelados em suas unidades organizacionais ou departamentos, simplesmente produzindo coisas que foram pedidas por alguém, sem se preocupar para quem vão entregar, ou, ainda, se uma próxima pessoa vai receber o *deliverable* produzido e dar seguimento à cadeia de valor.

Ao contrário disso, defendemos a **horizontalidade organizacional**, ou seja, reconhecermos aqueles que trabalharam antes de nós na cadeia de valor, nossos valorosos fornecedores, e enxergamos nossos clientes, aqueles que evoluirão nosso trabalho na cadeia de valor. Na horizontalidade temos visão do todo e sabemos apontar com precisão onde estamos localizados na longa cadeia de fornecimento da nossa organização. Conseguimos enxergar que nosso trabalho é uma conexão com o propósito maior da empresa.

Vamos a um exemplo? Você já viu uma guitarra sendo construída? Eu também não! Mas, desafiado por um amigo, assisti a diversos vídeos no YouTube sobre como fabricar uma guitarra e montei um *handoff network*. Veja como ficou:

**Figura 9.1** *Handoff network* de construção de uma guitarra

Fonte: elaborada pelo autor.

Saiba que com um *handoff network* temos todas as informações para gerar uma coleção de *construction stories*. E as *construction stories* podem ser geradas automaticamente se o *handoff network* for escrito em uma ferramenta como o Excel. Veja a anatomia disso (que pode ser modificada à vontade):

#ConstructionStory 1.2 Nós da [Equipe Alpha] iremos [Processo Corrente]

Entregaremos:

[Qtd1] [Saídas 1] usadas pela [equipe cliente1] para [processo];

[Qtd1] [Saídas 1] usadas pela [equipe cliente1] para [processo];

Para começar nosso trabalho, precisamos receber:

[Qtd2] Entradas 1 providos pela equipe [Equipe3]

O estudioso de gerenciamento de projetos não deve confundir a *construction story* com as tradicionais composições unitárias de custos. Tanto pacotes de trabalho quanto composições unitárias de custos possuem uma orientação analítica e ênfase nas saídas ou *deliverables* produzidos. As *construction stories*, por sua vez, são diferentes e orientadas a fluxo. Mostram tanto fluxo de entrada (consumo) quanto fluxo de saída (produção), e possuem uma influência da abordagem Lean na visibilidade das relações cliente-fornecedor.

## Você já ouviu falar em *user stories*?

DICA *do* ESPECIALISTA

*User stories* são lembretes de determinados tópicos onde a equipe de projeto deve dialogar com a equipe cliente sobre os requisitos do produto de um projeto.

Como o próprio nome diz, as *user stories* referem-se ao **campo do uso.** Definem qual uso será dado ao produto pelos clientes do projeto.

As *construction stories*, de maneira análoga, também servem como ponto de diálogo, só que para a equipe técnica conversar entre si. Afinal, aqui estamos no **campo da construção**, e a equipe técnica irá debater como o produto será construído.

A seguir, oferecemos uma lista de *construction stories* derivadas do *handoff* de construção da guitarra para auxiliar você a compreender melhor essa ferramenta.

## 1.0 Macroprocess: 1 – PREPARAÇÃO

#ConstructionStory: 1.1 - Projetar Guitarra
Nós da equipe ENGENHEIROS
Receberemos $1200 Para Projetar Guitarra
Entregaremos:
Em D+8, 3 PROJETO usados pela equipe COMPRADORES para Comprar Madeiras & Vernizes;
Em D+8, 3 PROJETO usados pela equipe COMPRADORES para Comprar Componentes;
Em D+8, 3 PROJETO usados pela equipe ENGENHEIROS para Imprimir Moldes;
Podemos começar nosso trabalho assim que o projeto iniciar

#ConstructionStory: 1.2 - Comprar Madeiras & Vernizes
Nós da equipe COMPRADORES
Receberemos $600 Para Comprar Madeiras & Vernizes
Entregaremos:
Em D+12, 3 MADEIRAS usados pela equipe MARCENEIROS para Fabricar Corpo;
Em D+12, 3 MADEIRAS usados pela equipe MARCENEIROS para Fabricar Costa do Braço;
Em D+12, 3 MADEIRAS usados pela equipe MARCENEIROS para Fabricar Frente do Braço;
Em D+12, 2 TINTAS & VERNIZES usados pela equipe PINTORES para Pintar Corpo;
Em D+12, 2 TINTAS & VERNIZES usados pela equipe PINTORES para Revestir Braço;
Para começar nosso trabalho precisamos receber:
Em D+8, 1 PROJETO providos pela equipe ENGENHEIROS

#ConstructionStory: 1.3 - Comprar Componentes
Nós da equipe COMPRADORES
Receberemos $600 Para Comprar Componentes
Entregaremos:
Em D+12, 1 TENSOR usados pela equipe MARCENEIROS para Montar Braço;
Em D+12, 1 PONTE E CAPTADORES usados pela equipe MESTRE para Montar Guitarra;
Em D+12, 1 CONTROLES usados pela equipe MESTRE para Montar Guitarra;
Em D+12, 6 CORDAS usados pela equipe MESTRE para Colocar Cordas;

Para começar nosso trabalho precisamos receber:
Em D+8, 1 PROJETO provido pela equipe ENGENHEIROS

#ConstructionStory: 1.4 - Imprimir Moldes
Nós da equipe ENGENHEIROS
Receberemos $300 Para Imprimir Moldes
Entregaremos:
Em D+10, 3 MOLDES usados pela equipe MARCENEIROS para Fabricar Corpo;
Em D+10, 3 MOLDES usados pela equipe MARCENEIROS para Fabricar Costa do Braço;
Em D+10, 3 MOLDES usados pela equipe MARCENEIROS para Fabricar Frente do Braço;
Para começar nosso trabalho precisamos receber:
Em D+8, 1 PROJETO provido pela equipe ENGENHEIROS

## 2.0 Macroprocess: 2 – MARCENARIA

#ConstructionStory: 2.1 - Fabricar Corpo
Nós da equipe MARCENEIROS
Receberemos $900 Para Fabricar Corpo
Entregaremos:
Em D+18, 1 CORPO S/REVEST usado pela equipe PINTORES para Pintar Corpo;
Para começar nosso trabalho precisamos receber:
Em D+12, 1 MADEIRA provido pela equipe COMPRADORES;
Em D+10, 1 MOLDE provido pela equipe ENGENHEIROS

#ConstructionStory: 2.2 - Fabricar Costa do Braço
Nós da equipe MARCENEIROS
Receberemos $600 Para Fabricar Costa do Braço
Entregaremos:
Em D+16, 1 COSTA DO BRAÇO usado pela equipe MARCENEIROS para Montar Braço;
Para começar nosso trabalho precisamos receber:
Em D+12, 1 MADEIRA provido pela equipe COMPRADORES;
Em D+10, 1 MOLDE provido pela equipe ENGENHEIROS

#ConstructionStory: 2.3 - Fabricar Frente do Braço
Nós da equipe MARCENEIROS
Receberemos $600 Para Fabricar Frente do Braço
Entregaremos:
Em D+16, FRENTE DO BRAÇO usado pela equipe MARCENEIROS para Montar Braço;
Para começar nosso trabalho precisamos receber:
Em D+12, MADEIRA provido pela equipe COMPRADORES;
Em D+10, 1 MOLDE provido pela equipe ENGENHEIROS

#ConstructionStory: 2.4 - Montar Braço
Nós da equipe MARCENEIROS
Receberemos $600 Para Montar Braço
Entregaremos:
Em D+20, 1 BRAÇO S/REVEST usado pela equipe PINTORES para Revestir Braço;
Para começar nosso trabalho precisamos receber:
Em D+16, 1 COSTA BRAÇO provido pela equipe MARCENEIROS;
Em D+16, 1 FRENTE BRAÇO provido pela equipe MARCENEIROS;
Em D+12, 1 TENSOR provido pela equipe COMPRADORES

## 3.0 Macroprocess: 3 – PINTURA

#ConstructionStory: 3.1 - Pintar Corpo
Nós da equipe PINTORES Receberemos $1800 Para Pintar Corpo

Entregaremos:
Em D+30, 1 CORPO usado pela equipe MESTRE para Montar Guitarra;
Para começar nosso trabalho precisamos receber:
Em D+18, 1 CORPO S/REVEST provido pela equipe MARCENEIROS;
Em D+12, 1 TINTAS & VERNIZES provido pela equipe COMPRADORES

#ConstructionStory: 3.2 - Revestir Braço
Nós da equipe PINTORES Receberemos $1800 Para Revestir Braço
Entregaremos:
Em D+32, 1 BRAÇO usado pela equipe MESTRE para Montar Guitarra;
Para começar nosso trabalho precisamos receber:
Em D+20, 1 BRAÇO S/REVEST provido pela equipe MARCENEIROS;
Em D+12, 1 TINTAS & VERNIZES provido pela equipe COMPRADORES;

## 4.0 Macroprocess: 4 – MONTAGEM

#ConstructionStory: 4.1 - Montar Guitarra
Nós da equipe MESTRE Receberemos $150
Para Montar Guitarra
Entregaremos:
Em D+33, 1 GUITARRA S/CORDAS usado pela equipe MESTRE para Colocar Cordas;
Para começar nosso trabalho precisamos receber:
Em D+30, 1 CORPO provido pela equipe PINTORES;
Em D+32, 1 BRAÇO provido pela equipe PINTORES;
Em D+12, 1 PONTE E CAPTADORES providos pela equipe COMPRADORES;
Em D+12, 1 CONTROLES providos pela equipe COMPRADORES

#ConstructionStory: 4.2 - Colocar Cordas
Nós da equipe MESTRE Receberemos $900
Para Colocar Cordas
Entregaremos:
Em D+39, 1 GUITARRA usado pela equipe MESTRE para Entregar para Cliente;
Para começar nosso trabalho precisamos receber:
Em D+33, 1 GUITARRA S/CORDAS provido pela equipe MESTRE;
Em D+12, 6 CORDAS providos pela equipe COMPRADORES

#ConstructionStory: 4.3 - Entregar para Cliente
Nós da equipe MESTRE Receberemos $300
Para Entregar para Cliente
e encerrar o projeto
Para começar nosso trabalho precisamos receber:
Em D+39, 1 GUITARRA provido pela equipe MESTRE

## 9.2 DERIVAR CRONOGRAMAS DO *HANDOFF NETWORK*

Um cronograma representa um *workflow* (fluxo de trabalho) da execução?

A resposta para esta pergunta é que, normalmente, o cronograma **não é** um *workflow* da execução.

A modelagem tradicional do trabalho no projeto, na forma de listas de atividades do cronograma, não mostra o fluxo, ou seja, o tráfego de *deliverables* entre as atividades mesmo quando tem indicação de predecessores.

Apesar das limitações, o lado bom dos cronogramas é que estão amplamente disponíveis em *softwares* no mercado. O diagrama de *handoff* pode ser transformado, também de maneira bem automática, em um cronograma com vantagens, pois ele passa a representar um fluxo. De fato, o *handoff network* acaba sendo uma metodologia para construir bons cronogramas, corrigindo suas deficiências.

E quais são as deficiências do cronograma?

- Os cronogramas são composições solitárias, não utilizam a inteligência coletiva. Normalmente, é um técnico que o desenvolve de frente para sua tela de computador.
- Raramente existem padrões estabelecidos para se criar cronogramas. Se pedirmos para três gerentes de projetos desenvolverem separadamente o cronograma do mesmo projeto, teremos três versões completamente distintas. Um poderá ter 600 atividades e o outro 10 atividades.
- Um fato negativo e frequente sobre os cronogramas é que são muito mal feitos. Os gerentes de projetos os encaram como uma pendência a ser superada. Isto resulta em bases de dados de baixíssima qualidade para a gestão, tornando os sistemas PPMs (Project & Portfolio Management) praticamente inúteis.

Esforço solitário.

- Difícil estabelecer padrões.
- A opinião subjetiva do autor comanda a quebra nas atividades.
- Não usa inteligência coletiva sobre o processo.

# O PROJETO É UM PROCESSO

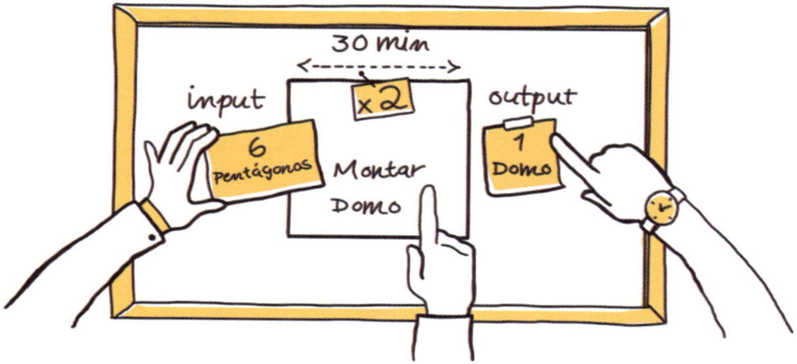


## O *handoff network* vira cronograma

Cada uma das múltiplas entregas de um pacote de serviço vai se transformar em uma atividade do cronograma. No exemplo apresentado, o pacote de serviço vai se transformar em duas atividades do cronograma:

Montar Domo – 1
Montar Domo – 2

No caso do *handoff network* da guitarra, conseguimos derivar o cronograma apresentado na Figura 9.2.

**Figura 9.2** Cronograma de construção de guitarra a partir do *handoff network*

GANTT CHART

| | Macroprocess | Task | Pred | Suces. | Dur |
|---|---|---|---|---|---|
| 1 | | Start | | 2 | 0 days |
| 2 | 1-PREPARAÇÃO | 1.1 Projetar Guitarra | 1 | 3;4;5 | 8 hrs |
| 3 | 1-PREPARAÇÃO | 1.2 Comprar Madeiras & Vernizes | 2 | 6;7;8;10;1: | 4 hrs |
| 4 | 1-PREPARAÇÃO | 1.3 Comprar Componentes | 2 | 9;12;13 | 4 hrs |
| 5 | 1-PREPARAÇÃO | 1.4 Imprimir Moldes | 2 | 6;7;8 | 2 hrs |
| 6 | 2-MARCENARIA | 2.1 Fabricar Corpo | 3;5 | 10 | 6 hrs |
| 7 | 2-MARCENARIA | 2.2 Fabricar Costa do Braço | 3;5 | 9 | 4 hrs |
| 8 | 2-MARCENARIA | 2.3 Fabricar Frente do Braço | 3;5 | 9 | 4 hrs |
| 9 | 2-MARCENARIA | 2.4 Montar Braço | 7;8;4 | 11 | 4 hrs |
| 10 | 3-PINTURA | 3.1 Pintar Corpo | 6;3 | 12 | 12 hrs |
| 11 | 3-PINTURA | 3.2 Revestir Braço | 9;3 | 12 | 12 hrs |
| 12 | 4-MONTAGEM | 4.1 Montar Guitarra | 10;11;4 | 13 | 1 hr |
| 13 | 4-MONTAGEM | 4.2 Colocar Cordas | 12;4 | 14 | 6 hrs |
| 14 | 4-MONTAGEM | 4.3 Entregar para Cliente | 13 | 15 | 2 hrs |
| 15 | | Finish | 14 | | 0 days |

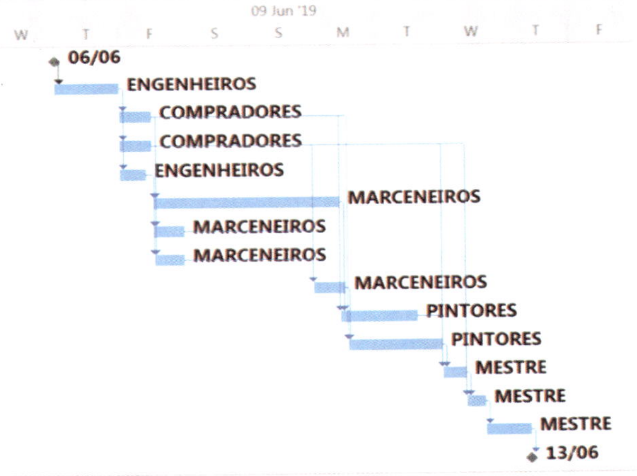

## 9.3 TECNOLOGIA *VERSUS* METODOLOGIA

Quando as tradicionais técnicas do diagrama de Gantt e a técnica do caminho crítico surgiram, respectivamente, em 1907 e 1957, a tecnologia da informação estava nos seus primórdios.

O ambiente atual de computação nas nuvens – onde praticamente todos os membros da equipe têm smartphones conectados em rede, dispositivos IoT (Internet of Things) medindo entregas dos projetos, transações e documentos podendo ser registrados no *blockchain* e informação de projetos gerando banco de dados analíticos – modifica as possibilidades de gestão de projetos. Hoje, o reporte de progresso pode ser feito com pouco ou nenhum esforço, diretamente por quem executa o trabalho. A gestão pode ser mais colaborativa, as equipes podem ser distribuídas geograficamente, a gestão pode usar múltiplas ferramentas visuais, filtros e visões construídas em tempo real exibidas em grandes painéis de vídeo. Enfim, os gestores podem se concentrar mais na gestão em vez de transcrever informações do projeto para serem apresentadas.

Todas essas possibilidades foram consideradas na nova metodologia apresentada, porém, sem nos comprometermos com uma ou outra plataforma específica.

As técnicas expostas neste livro podem ser configuradas com pouco esforço nas ferramentas de gerenciamento de projetos mais populares do mercado e em quase todos os PPMs e até, num caso extremo, em planilha Excel compartilhada em rede tendo macros fazendo cálculos necessários.

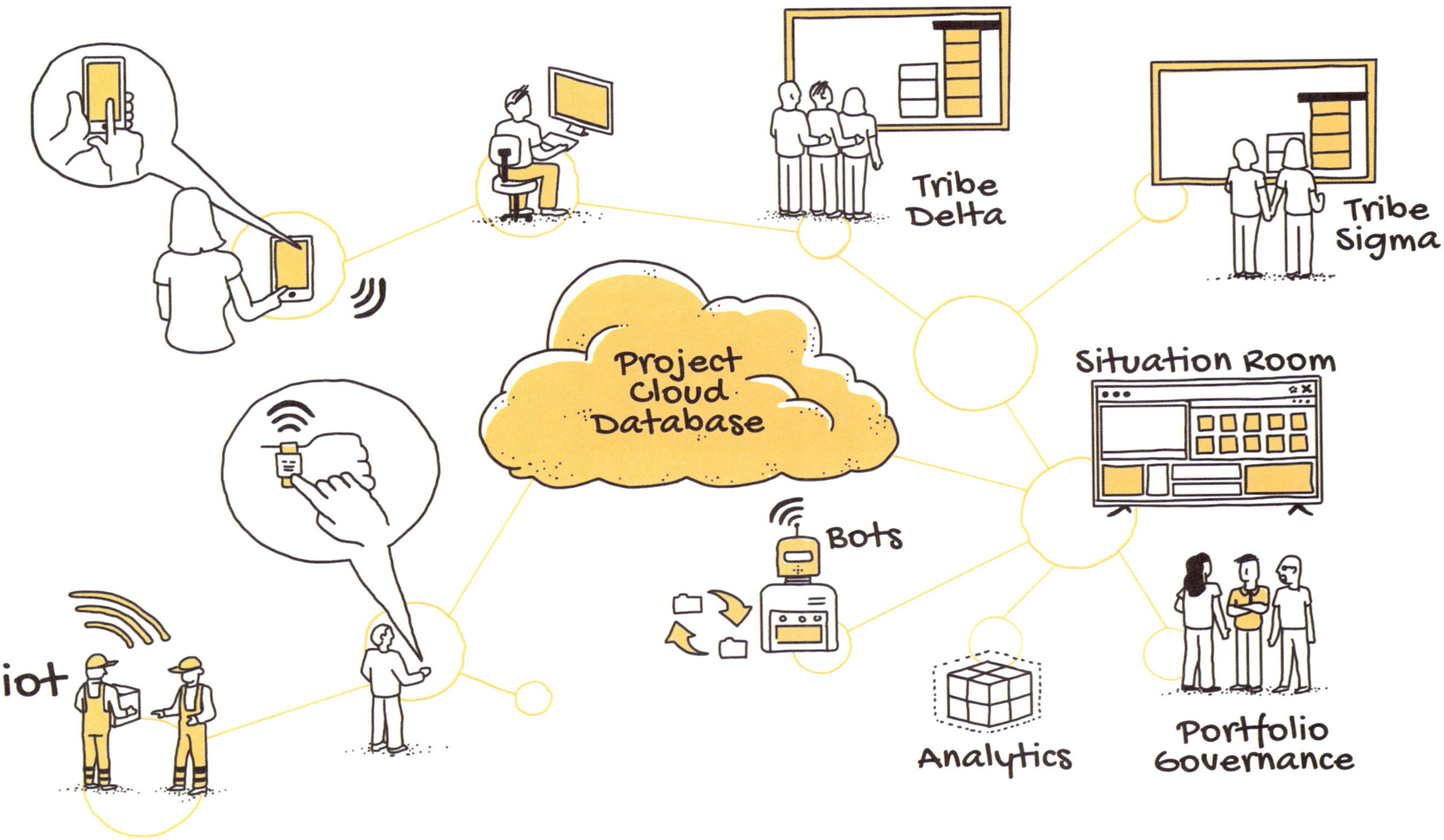
Tribe Delta
Tribe Sigma
Project Cloud Database
Situation Room
Bots
iot
Analytics
Portfolio Governance

## 9.4 ATUALIZAÇÃO DE PROGRESSO, O LIVRO-RAZÃO DO PROJETO

À medida que um projeto entra em execução, as transações físicas que movimentam os ativos do projeto começam a acontecer. (Lembre-se, os ativos dos projetos são os *deliverables* sendo produzidos.)

Podemos definir que uma transação ocorre sempre que uma equipe produz alguma saída prevista nos pacotes de serviço *handoff network* e passa essa entrega para outro pacote de serviço usá-la como entrada.

Devemos manter um registro, um livro-razão, com todas essas transações e atualizações do estado de cada uma das ocorrências dos pacotes de serviços.

Veja na Figura 9.3 um formato básico de transação no livro-razão do projeto (ou *Project Ledger*, em inglês).

**Figura 9.3** Modelo de livro-razão (ou *ledger*) do projeto

| Origem | Destino | Ativo (*deliverable*) | Quantidade movimentada do ativo | Endereço de *upload* dos arquivos ou evidências da entrega | *Time stamp* | Assinatura digital |
|---|---|---|---|---|---|---|

Fonte: elaborada pelo autor.

- **Origem:** especifica de qual pacote de serviço partiu a saída e qual equipe o produziu.
- **Destino:** especifica de qual pacote de serviço recebeu o ativo como entrada e qual equipe o recebeu.
- **Ativo:** especifica um *deliverable* de saída, previsto em um pacote de serviço do *handoff network*.
- **Quantidade movimentada do ativo:** determina quanto desse ativo foi transferido.
- **Endereço de *upload*:** o endereço de rede onde o arquivo foi carregado e pode ser encontrado.
- ***Time stamp*:** é um carimbo que registra o momento preciso (data e hora) da entrega.
- **Assinatura digital:** o produtor assina os arquivos com sua chave privada, de maneira que não podem mais ser mais modificados, nem a entrega repudiada. Pode ser uma assinatura somente do produtor ou uma assinatura dupla do produtor e receptor.

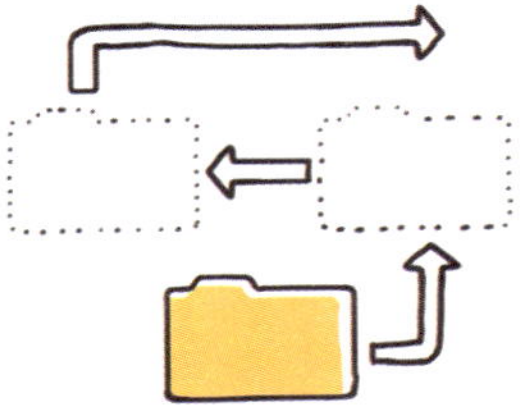

**As transações são as movimentações previstas no *handoff network* sendo efetivadas na prática.**

**REGRA ZERO-100%**
**Nenhum crédito será concedido para uma atividade até que esteja completamente encerrada, seu conjunto de artefatos comprobatórios sejam carregados no repositório de arquivos e assinados pelo produtor.**

### 9.4.1 A evolução de estado dos pacotes de serviços

A evolução de estado dos pacotes de serviços (ou das atividades espelhadas nos pacotes de serviços) só pode se dar pela interpretação do livro-razão de projetos.

Não faz sentido algum informar percentuais de realização de atividades sem, de fato, ter entregado algo concreto e palpável.

## CARREGOU ARQUIVOS, REPORTOU PROGRESSO!

Por que não fazer reportes parciais de progresso?

- Não podem ser verificados
- São apenas declarativos
- O cliente na cadeia de valor é quem diz se está pronto de verdade
- São subjetivos
- Regra de 90% + 90% (os primeiros 90% levam 90% do tempo, os 10% restantes levam mais 90% do tempo!)
- Dizer que você começou uma atividade geralmente não tem qualquer significado

A maneira mais prática de identificar gargalos e enxergar onde está a frente de batalha no projeto é por meio da transição de estado das atividades, como mostra a Figura 9.4.

**Figura 9.4** Os 4 estados das atividades

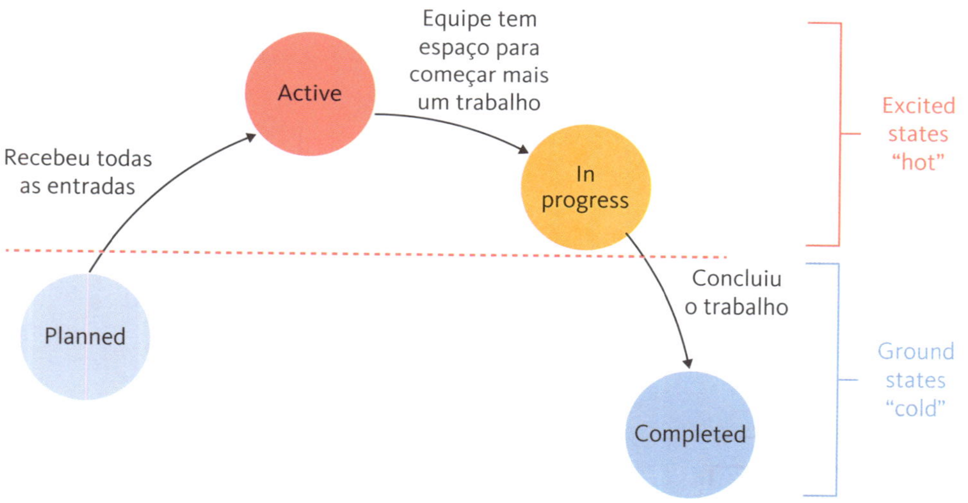


- **Planned:** A atividade está programada para ser executada, mas ainda não possui os subsídios necessários para ser iniciada. Ela não possui os *input deliverables* especificados no *handoff network*.
- **Active:** A atividade já possui tudo que precisa para começar, porém, ainda não foi iniciada. Gerencialmente esse estado é importante, pois um acúmulo de atividades nesse estado indica um gargalo no pacote de serviço ao longo da cadeia de valor.
- **In Progress:** A atividade iniciou, mas não terminou. Se filtrarmos só esse estado, enxergaremos onde está a frente de batalha do projeto. Em dado momento da execução do projeto, apenas um pequeno número de atividades estará nesse estado.
- **Completed:** A atividade foi concluída e espera-se, entregando o(s) *output*(s) *deliverable*(s) especificado(s) no pacote de serviço dentro dos critérios de aceitação estabelecidos, que em algum momento será verificado pelo cliente.

### 9.4.2 Diferença entre prazo e esforço

**Prazo** é o intervalo de tempo em que prometemos entregar um trabalho que nos foi pedido. O prazo deve considerar de maneira probabilística a variação normal esperada para realização técnica do trabalho, ponderação de eventuais riscos previsíveis e também o tempo de fila que o trabalho costuma esperar até que possamos trabalhar nele. É claro que, de modo geral, o tempo de fila é influenciado pelo volume de coisas que temos para fazer, portanto, na hora de prometer um prazo isso deve ser considerado.

Existem ocorrências que nos desafiam na hora de estimar um prazo, mas que devem ser enfrentadas: falta de pessoas, problemas técnicos, férias, licenças médicas, indisponibilidade de ferramentas e quedas do sistema.

Um prazo é fixado dependendo de avaliações técnicas e políticas da organização, ou uma combinação das duas coisas. Por isso não espere entender sempre a lógica por trás de um prazo estabelecido. Pense que os prazos são acordos e, portanto, eles devem ser cumpridos.

**Esforço** é o número de unidades de tempo em que os diversos recursos estão dedicados àquela atividade. Um exemplo simples de entender:

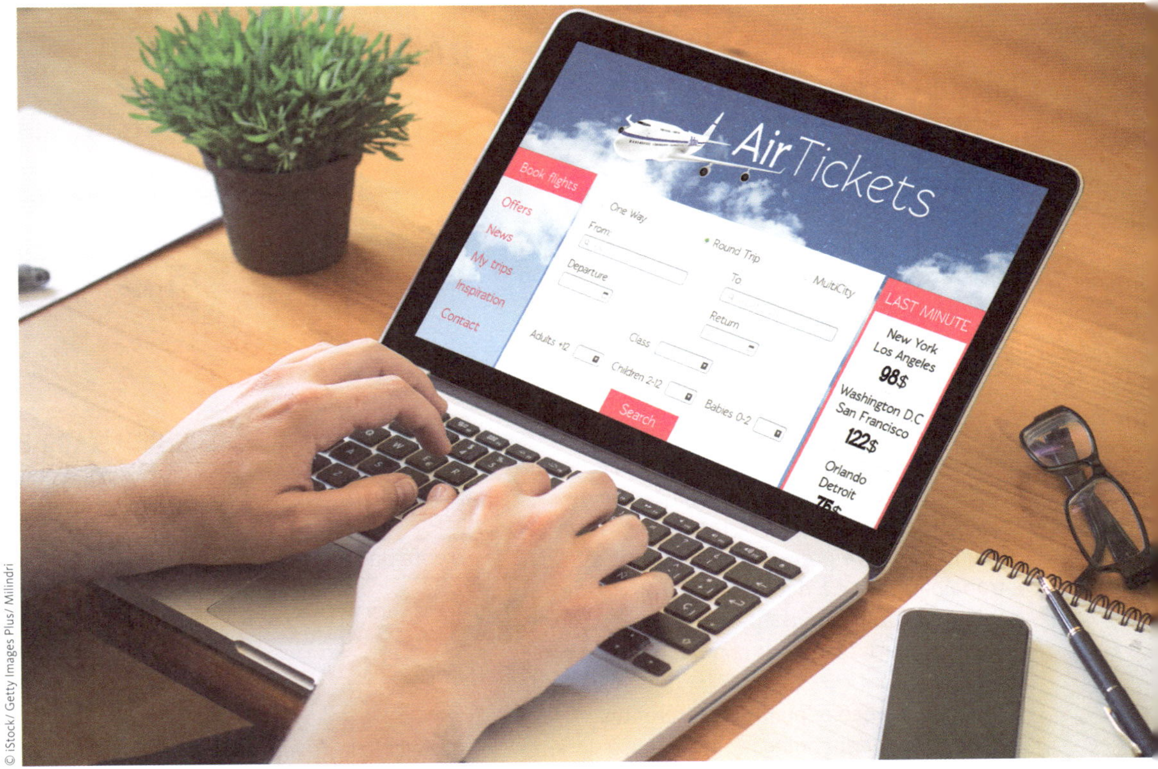




Atividade: comprar passagens aéreas para o congresso de gerenciamento de projetos

- Prazo: 2 semanas/
- Esforço: 15 minutos

### 9.4.3 Data de ativação e de vencimento de uma atividade

Qual data de vencimento devemos colocar numa atividade que consta num cronograma ou será colocada num quadro Kanban? A resposta parece bastante óbvia, não é? Devemos colocar uma data de vencimento que honre o acordo estabelecido ao fechar os prazos. Não se esqueça: a equipe deve cumprir os prazos combinados, sempre!

A partir de quando devemos começar a contar esse prazo?

Pense no que seria justo se uma atividade fosse atribuída para você. O certo seria começar a contar o prazo quando as pessoas que trabalham antes de você na cadeia de valor fizessem sua parte e lhe entregassem aquilo que você precisa para **começar** a trabalhar. Essa é a data em que a atividade saiu do estado *planned* para ficar no estado *active* e, por isso, vamos chamá-la de **data de ativação**.

Quando você depende de diferentes itens para poder começar o trabalho, a data de ativação deveria começar quando você recebeu todos os itens.

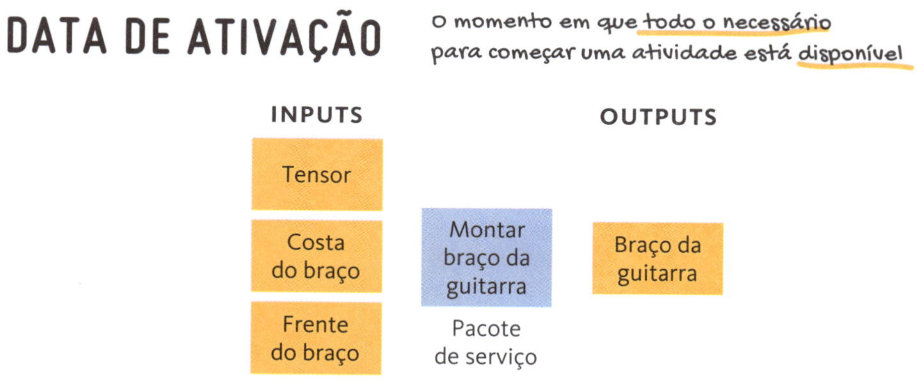


| INPUT | DISPONIBILIZADO EM |
|---|---|
| Tensor | 14-abr.-20xx |
| Costa do braço | 17-abr.-20xx ✓ |
| Frente do braço | 16-abr.-20xx |

Para calcular a ativação é preciso ter a data de término real de cada um dos predecessores

Se calculada de maneira justa, a data de vencimento das atividades pode se tornar um indicador-chave do quanto a equipe costuma cumprir suas promessas ou não.

A fórmula da data de vencimento é bem simples, como mostra a Figura 9.4.

**Figura 9.4** Fórmula da data de vencimento

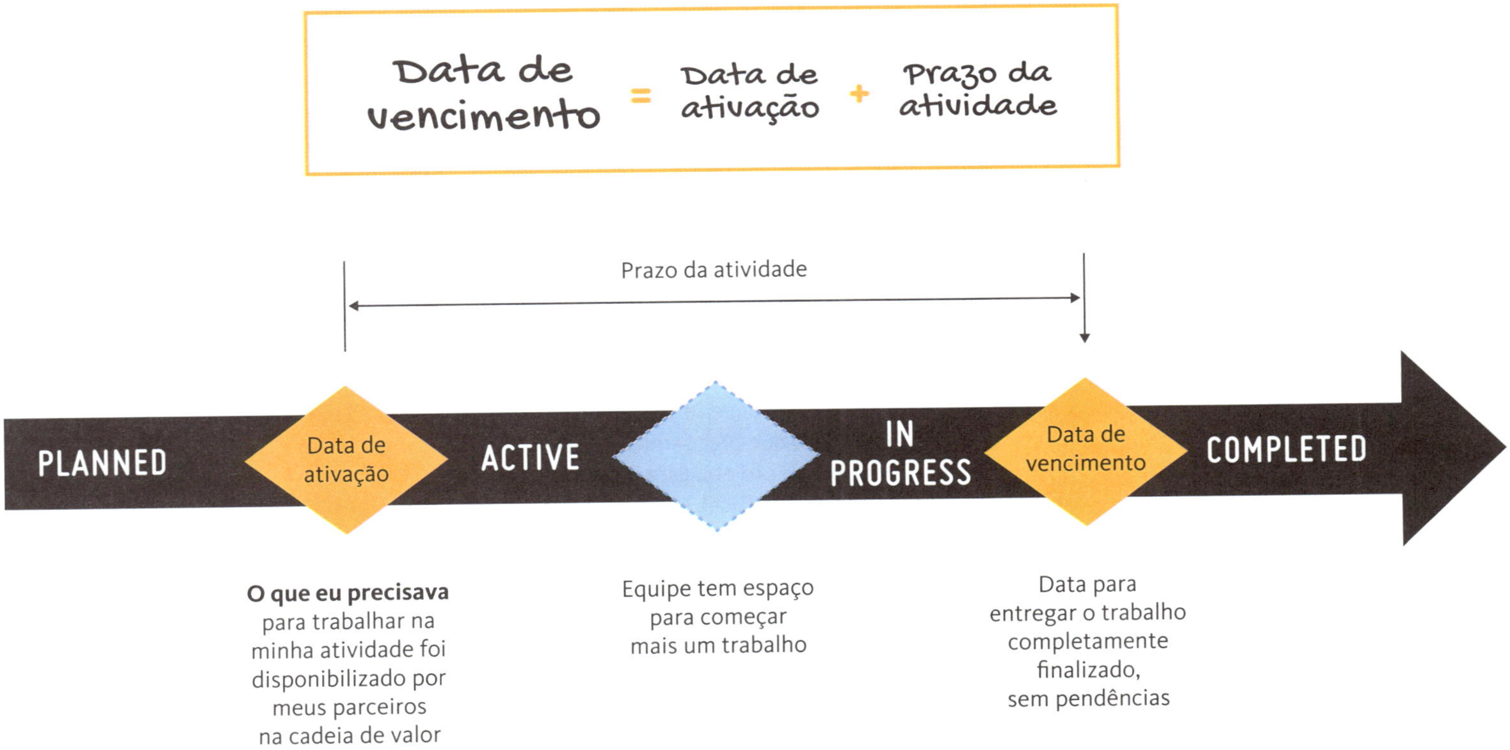


Fonte: elaborada pelo autor.

### 9.4.4 *Wip limit* por equipe

Para manter um fluxo contínuo de trabalho e reduzir o prazo dos projetos é preciso impor um limitador no número de atividades de múltiplos projetos que cada equipe faz num determinado momento. Chamamos essa situação de *wip limit*.

Como fazer isso? Vamos lá:

- Estipule um número máximo de atividades no estado *In progress*, considerando múltiplos projetos;
- Ordene a fila ou pilha de atividades *In progress* e *Active* colocando as datas de SLA que vencem mais cedo em primeiro lugar;
- Quando qualquer atividade na pilha de *In progress* for concluída, ela libera uma vaga para puxar para o *In progress* o primeiro da fila *Active*.

A regulação do *wip limit* é o coração de qualquer metodologia ágil. Se os executivos entenderem isso, conseguirão fazer mais projetos com menos recursos.

A regulação do *wip* cria o famoso "sistema puxado" das montadoras japonesas, tema central da eficiência de fluxo do método de gestão Lean. À medida que a equipe vai entregando atividades, ela mesma puxa mais atividades gerando um fluxo contínuo de trabalho, um clima de produtividade e sustentabilidade do ritmo de trabalho.

A limitação do número de atividades *In progress* pela equipe cliente também nos ajuda a visualizar o ritmo em que a equipe cliente trabalha e nos alinharmos dinamicamente com esse ritmo. Para isso, basta olhar o volume da pilha de atividades no estado *Active* da equipe cliente e ajustar nosso ritmo para que esse volume se estabilize por meio do suprimento contínuo – ao fazermos isso, estamos trabalhando no mesmo ritmo que a equipe cliente.

Uma lista com atividades e seu estado atualizado é tudo o que precisamos para ter um bom controle de projeto. Essa lista pode apenas ser uma tabela Excel, um cronograma ou um banco de dados mostrado visualmente em ferramentas de *business intelligence*.

Um Kanban nada mais é do que essa lista que mostra a movimentação em fluxo dos itens de trabalho, mostra quais estão prontos para serem trabalhados, regula o fluxo de quanto trabalho pode ser iniciado simultaneamente e também, no caso de abertura de espaço para começar novos trabalhos, qual deve ser a atividade selecionada.

**TAKT – Todos trabalhando no mesmo ritmo, o ritmo do cliente!**

## QUANTUM KANBAN DA EQUIPE BETA

Visão multiprojeto, por equipe, exibindo apenas estados *Active* e *In progress*

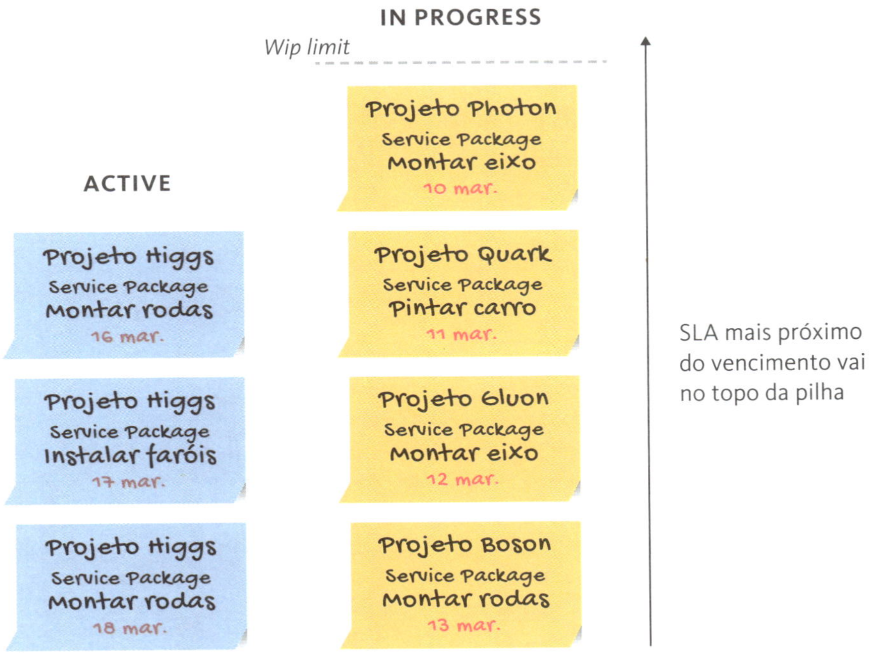

## QUANTUM KANBAN DA EQUIPE BETA

A finalização de uma atividade qualquer atribuída para equipe específica, mesmo vinda de qualquer um dos múltiplos projetos em aberto, vai liberar um espaço na fila *In progress* da equipe.

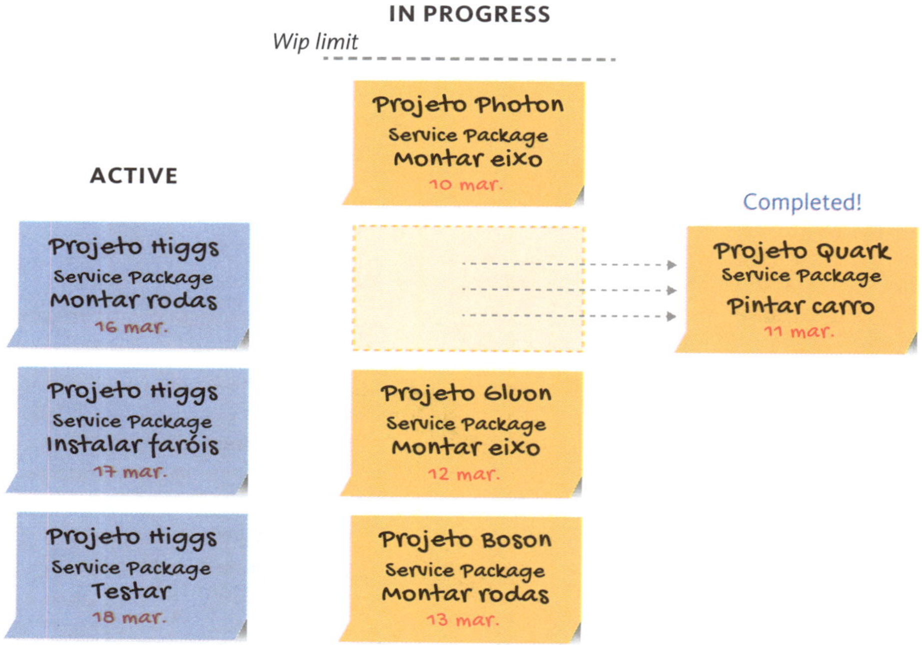

## QUANTUM KANBAN DA EQUIPE BETA

As pilhas do estado *Active* e estado *In progress* permanecem sempre ordenadas pela data de vencimento da atividade.

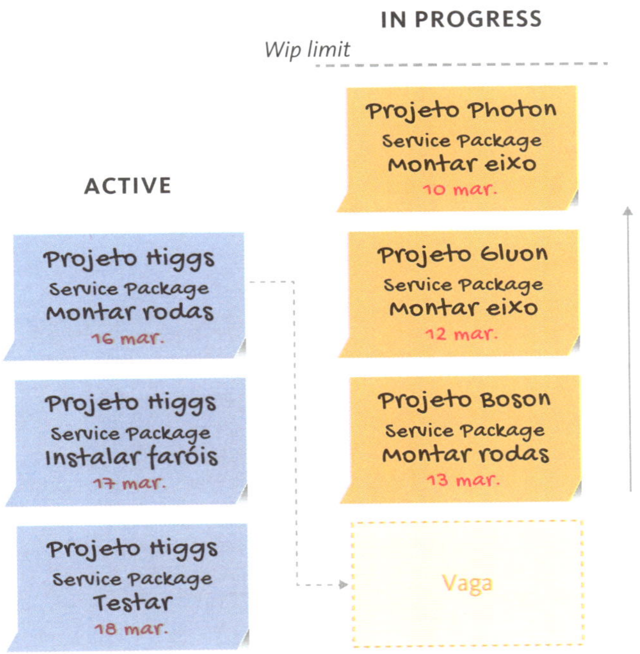

## QUANTUM KANBAN DA EQUIPE BETA

A quantidade de itens de trabalho na pilha *Active* mostra o volume de atividades pendentes para aquela determinada equipe

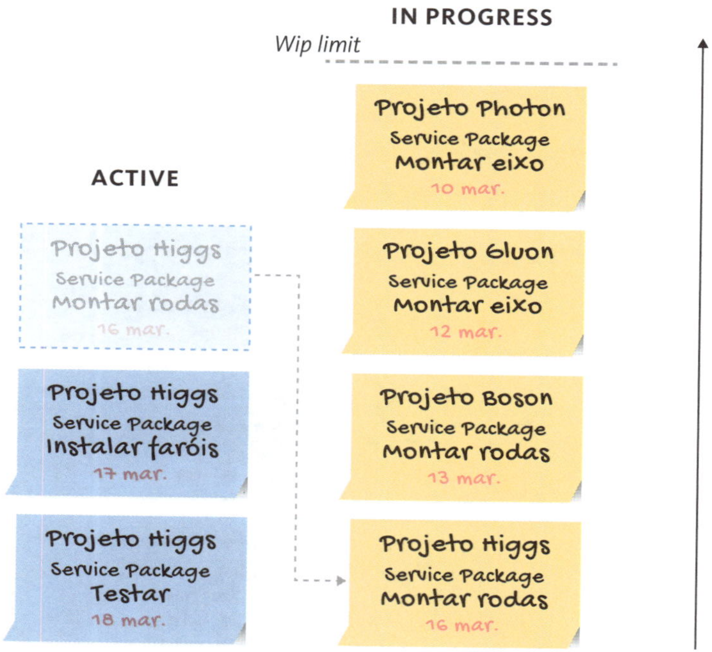


SLA mais próximo do vencimento vai no topo da pilha

DICAS *do* ESPECIALISTA

# Quantum Kanban

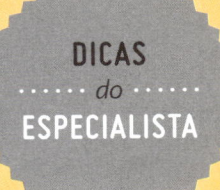

## OH NÃO, MAIS UM USO ESOTÉRICO OU INADEQUADO DOS TERMOS E TEORIA DA FÍSICA QUÂNTICA?

Sou um aficionado por física quântica e computação quântica, essa talvez seja a principal razão pela qual batizei esse novo tipo de formatação de um Kanban de "Quantum Kanban".

Tal qual na computação quântica, o *spin* somente sobe para o estado de mais alta energia se receber ondas eletromagnéticas de uma frequência específica.

Por analogia, o item de trabalho no Quantum Kanban somente sobe aos estados de alta energia se receber fluxo de entradas específicas.

É claro que o Quantum Kanban trata do trabalho num projeto e não tem nada a ver com o mundo subatômico... são apenas analogias de um autor entusiasta.

O Quantum Kanban tem alguns bônus sobre o método Lean Kanban tradicional desenvolvido por David Anderson, e também algum ônus, por isso merece um nome de batismo separado.

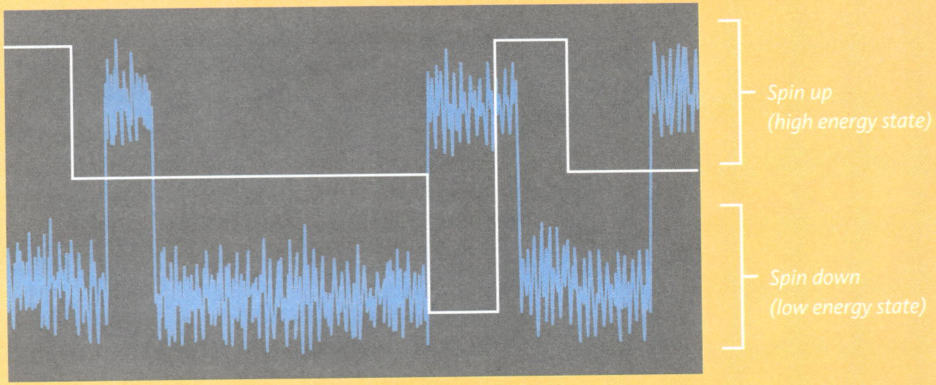

Como desenhar um quadro Quantum Kanban com 4 estados?

Se for para colocar os 4 estados, colocamos os estados *ground* de baixa energia embaixo e os estados *excited* de alta energia em cima.

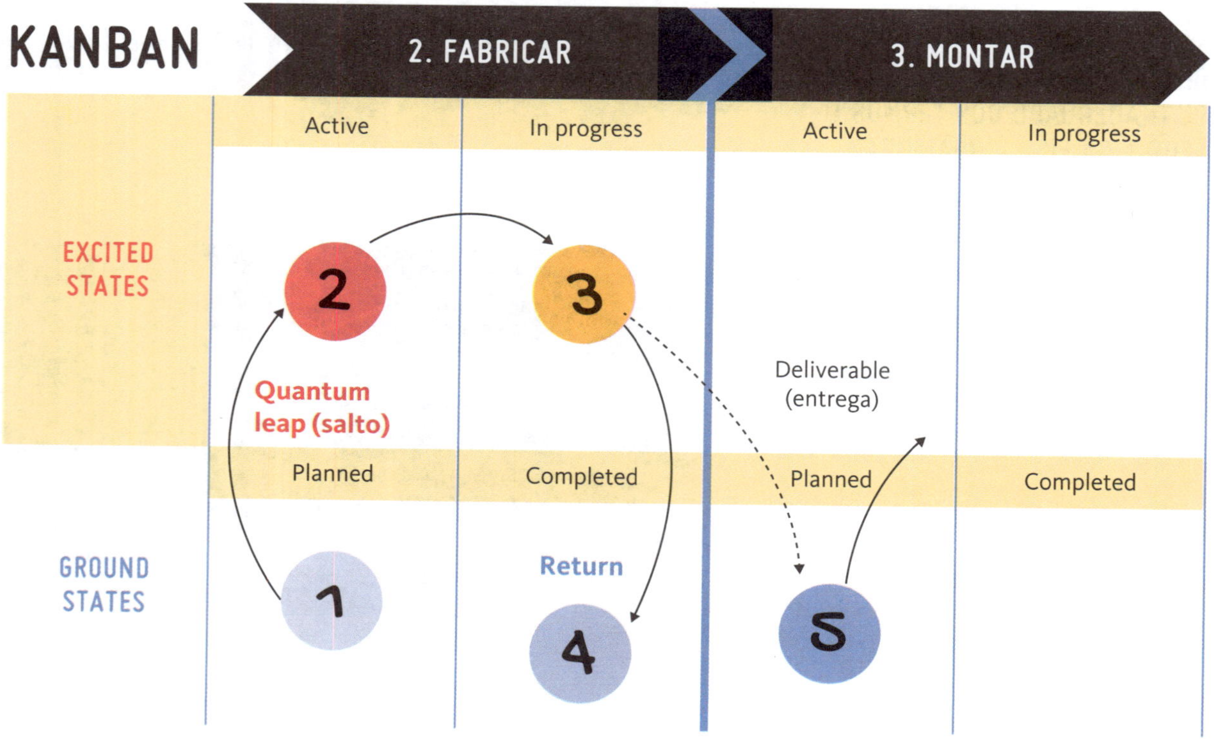

## QUADRO KANBAN TRADICIONAL

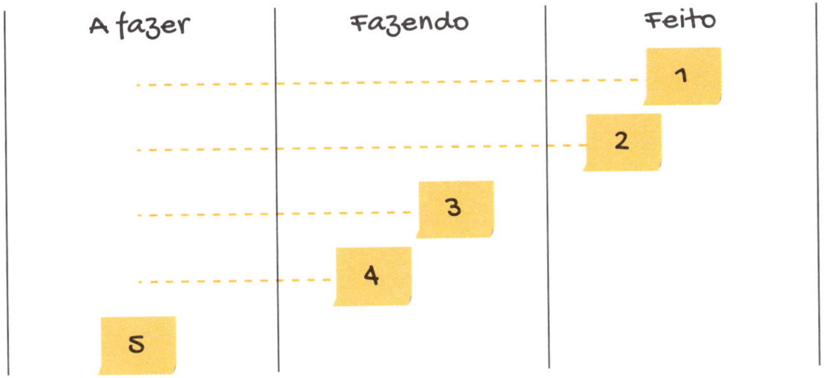


Em um quadro Kanban normal, as fichas atravessam o quadro da esquerda para a direita, num movimento linear, indo do início do quadro para o final.

## QUANTUM KANBAN

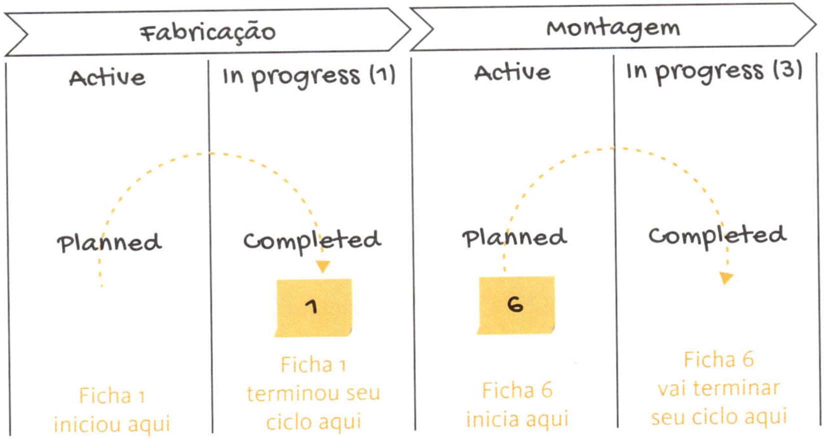


No quadro do Quantum Kanban, os itens de trabalho já estão, desde o início do projeto, distribuídos ao longo da cadeia de valor, alocados aos diversos macroprocessos. Evoluem de estados até encerrar seu ciclo sempre dentro do mesmo macroprocesso da cadeia de valor.

Diferente do Kanban tradicional, muitos itens de trabalho não iniciam no começo do quadro e não finalizam no final do quadro. Eles não se movem da esquerda para a direita, mas sim num movimento de U invertido.

## QUANTUM KANBAN

(ocultando estados *planned* e *completed*)

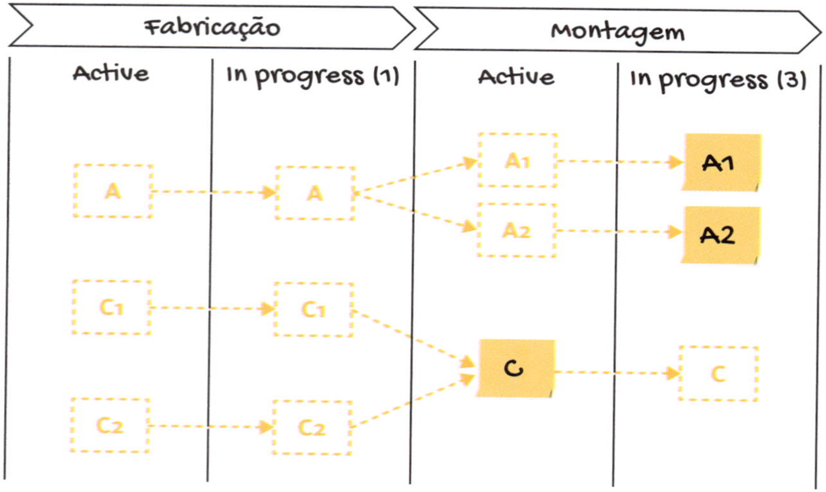


No Kanban representamos os itens de trabalho por fichas (que podem ser notas adesivas).

Se ocultarmos os estados *planned* e *completed* no Quantum Kanban, enxergaremos um Kanban linear mas com capacidade para dividir uma ficha em várias fichas ou integrar várias fichas em uma única ficha, automaticamente, conforme planejado no *handoff network*.

O Quantum Kanban é útil quando precisamos controlar e acelerar projetos que têm integrações complexas (de uma plataforma de petróleo, construção de um avião, projetos de construção civil, desenvolvimento de uma nova droga farmacêutica etc.) ou, então, outras situações de complexidade, como grande número de equipes no projeto, recursos compartilhados entre múltiplos projetos, situações nas quais é necessário exibir mais informações no Quadro Kanban que apenas as duas pilhas de *Active* e *In progress* mostrada na seção anterior.

Os estados *ground* (*planned* e *completed*), exibidos na parte de inferior do quadro, dão uma boa dimensão do *backlog* de tarefas do projeto separando aquilo que já foi feito do que está por vir. Os estados superiores do quadro mostram a frente de batalha num dado momento, onde está acontecendo a execução das atividades e fornece também uma noção de onde estão localizados os gargalos (acúmulos no estado *Active*).

Precisamos mudar o jogo do gerenciamento de projetos na execução principalmente em três pontos: **modelagem da execução**, **reporte de status** e **gestão**.

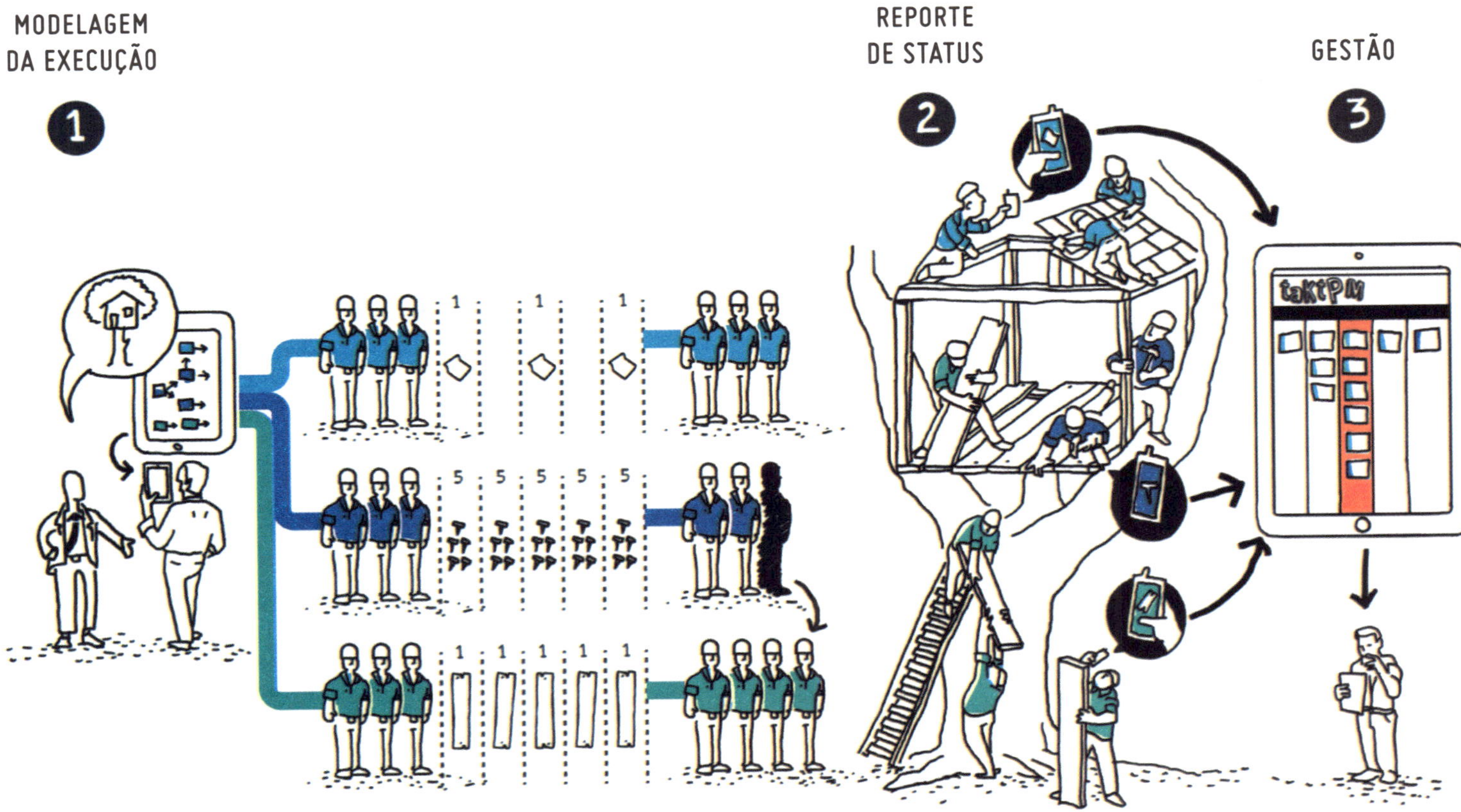
MODELAGEM DA EXECUÇÃO
1
REPORTE DE STATUS
2
GESTÃO
3
taktPM
1
1
1
5
5
5
5
5
1
1
1
1
1

1 **Modelagem da execução:** podemos entender a execução do projeto como uma cadeia de processos que se conectam uns aos outros na forma cliente-fornecedor. O relacionamento desses processos na cadeia de valor do projeto assemelha-se a uma corrida de revezamento onde é importante combinar critérios para as passagens de bastão. Pensando nesses termos, a equipe de projeto constrói de maneira colaborativa o principal artefato da metodologia, o *handoff network*, que mapeia unidades de trabalho chamadas de **pacotes de serviço** ao longo da cadeia de valor do projeto.

2 **Reporte de *status*:** os pacotes-processo são liberados para execução e a equipe deve reportar progresso da maneira mais orgânica, enxuta e menos burocrática possível, de preferência em ferramentas automatizadas (com um toque apenas ou, melhor ainda, sem nenhuma intervenção) para que a informação seja relevante e atualizada. Usamos o ZERO-100%: somente se considera a entrega de algo bom e aprovado para o avanço de progresso. Registramos as entregas como transações num livro-razão do projeto, o que faz com que as atividades evoluam em quatro estados: *Planned, Active, In progress* e *Completed*. Isso será bastante usado para gestão.

3 **Gestão:** fazemos a gestão no nível de múltiplas equipes ou pequenos grupos.

- Atribuímos datas de vencimento mais justas baseadas na data de ativação e em acordos de serviço que estipulam prazos negociados, e, assim, monitoramos o desempenho da equipe no cumprimento dos prazos, livre das interferências na medição de datas das equipes anteriores;
- Na perspectiva das equipes formadas por colaboradores que possuem sinergia entre si, as equipes são executoras de pacotes de serviço para um ou mais projetos e são elas que "puxam" o trabalho;
- Estipulamos limitações de atividades no estado *In progress* por equipes multiprojeto, alinhando o ritmo das diversas equipes.

Para a gestão do conjunto de projetos, os painéis visuais dão um panorama geral da situação sobre os gargalos, se as metas de projetos serão cumpridas ou não, além de visibilidade para projetos específicos que merecem atenção especial. Para a visão gerencial de um projeto específico, devemos ter no Kanban o fluxo do projeto, se existem bloqueios e se os compromissos estabelecidos serão honrados. Finalmente, para as equipes cujos membros são donos dos pacotes de serviço, mostra se estão ou não cumprindo seu nível de serviço, seu relacionamento com clientes e fornecedores e qual a necessidade de recursos para manter seus acordos de prestação de serviço.

DICAS do ESPECIALISTA

## Onde, afinal, está o gargalo do sistema?

Essa é a pergunta de um bilhão de dólares. Ninguém tem a resposta exata, mas posso compartilhar minha experiência.

Uma grande organização, que tem múltiplos projetos que compartilham recursos entre suas múltiplas equipes, pode ter, em algum momento, um número muito pequeno de variáveis – talvez apenas uma, o que irá limitar sua habilidade de entregar mais projetos.

Em qual equipe, portanto, devemos alocar mais recursos de modo que represente um aumento sistêmico de produtividade? Nesse ambiente, como localizar a equipe crítica que representa um gargalo?

Minha intuição me levou a formular a seguinte regra empírica, válida se as equipes estão obedecendo às políticas de limitação de Wip:

*Existe uma razoável probabilidade de o gargalo estar localizado no processo ou na equipe mais avançada na cadeia de valor, que tenha um número significativo de pacotes de serviços no estado* Active.

Elaborando um histograma com informações sobre o estado dos pacotes de serviços, em dado momento, nas diversas equipes compartilhadas, chegamos à identificação de potenciais gargalos. No exemplo da figura abaixo, é provável que o gargalo esteja localizado na equipe PHI, pois há um número significativo de pacotes no estado *Active*, além de ela estar localizada no ponto mais avançado da cadeia de valor.

Porém, é necessário investigar mais para chegar a uma conclusão efetiva sobre o gargalo do sistema. Sorte e perseverança irão ajudar.

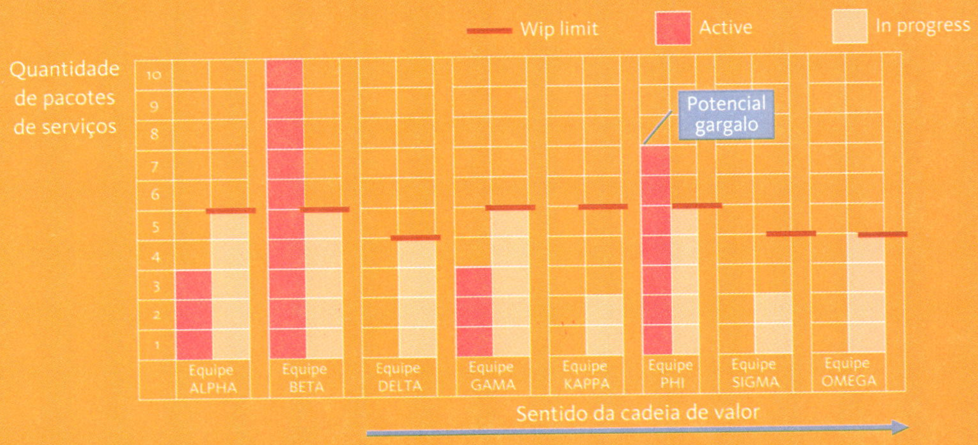

# CONCLUSÃO DA PARTE II

Para atravessar com sucesso o campo da construção, é preciso planejar acertada e adequadamente. Esse planejamento pode ser feito com o PM Canvas, que proporciona uma visão geral de todos os campos da jornada PCUV. Ao partir para a execução, é necessário planejar o *workflow* a ser realizado pela equipe técnica durante a execução do projeto com o desenvolvimento de um *handoff network*.

Planejar não basta, é preciso medir o resultado monitorando a mudança de estados e evolução das atividades quando efetivamente são entregues. Devemos calcular e medir o percentual de vezes que uma equipe cumpre suas datas de vencimento e tomar medidas de aprimoramento nessa direção.

Implantar um Kanban traz bastante visibilidade e horizontalidade, possibilita enxergar nossos pares na cadeia de valor, alinhar nosso ritmo com nossos clientes e entender por que estamos fazendo aquilo que fazemos. Além disso, regular o *wip* é importante para não dissipar energia, ter foco em terminar e não em começar atividades.

# ÍNDICE REMISSIVO

## Q



## R



## S



## T



## V



## W

# REFERÊNCIAS


BRODIE, R. *Virus of the mind*: the new science of the meme. Sydney: Hay House, 1996-2010.

BROWN, T. *Change by design*: how design thinking transforms organizations and inspires innovation. New York: Harper Business, 2009.

CULMSEE, P.; AWATI, K. *Heretic's guide to best practices*: the reality of managing complex problems in organizations. S.l.: iUniverse.com, 2013.

DECARLO, D. *Extreme project management using leadership, principles, and tools to deliver value in the face of volatility*. San Francisco: Jossey-Bass, 2004.

DETTMER, H. W. *The logical thinking process*: a systems approach to complex problem solving. Milwaukee: ASQ Quality Press, 2007.

GOLDRATT, E. M. *Critical chain*. Great Barrington: North River Press, 1997.

HILLSON, D.; SIMON, P. *Practical project risk management the ATOM methodology*. Tysons Corner: Management Concepts, 2012.

HUBBARD, D. W. *How to measure anything: finding the value of "intangibles" in business*. New York: John Wiley & Sons, 2007.

KAHNEMAN, D. *Thinking, fast and slow*. New York: Farrar, Straus and Giroux, 2011.

KOTTER, J. P. *Leading change*. Boston: Harvard Business Review Press, 2012.

LEACH, L. P. *Critical chain project management*. 2. ed. Boston: Artech House, 2005.

OSTERWALDER, A.; PIGNEUR, Y.; CLARK, T. *Business model generation: a handbook for visionaries, game changers, and challengers*. Hoboken: Wiley, 2010.

*PMBOK® Guide. A guide to the project management body of knowledge.* 5. ed. Newtown Square: Project management institute, 2013.

ROAM, D. *The back of the napkin: solving problems and selling ideas with pictures.* New York: Portfolio, 2008.

ROCK, D. *Your brain at work*: strategies for overcoming distraction, regaining focus, and working smarter all day long. New York: Harper Business, 2009.

SENGE, P. M. *The fifth discipline: the art and practice of the learning organization.* New York: Doubleday/Currency, 1990.

SHOOK, J.; WOMACK, J. P. *Managing to learn.* Cambridge: Lean Enterprise Institute, 2008.

SIBBET, D. *Visual leaders.* New York: John Wiley & Sons, 2013.

SIBBET, D. *Visual teams*: graphic tools for commitment, innovation, & high performance. Hoboken: John Wiley & Sons, 2011.

SILVIUS, G. *Sustainability in project management.* Farnham: Gower, 2012.

SINEK, S. *Start with why: how great leaders inspire everyone to take action.* New York: Portfolio, 2009.

VERMIJLEN, B. How to peel off a Sticky Note: This Way Up. *About Agile, Digital and Advertising*, may 2013. Disponível em: <http://www.bartvermijlen.com/how-to-peel-of-a-sticky-note>. Acesso em: 2 jun. 2019.

WUJEC, T. Tom Wujec: 3 ways the brain creates meaning. *TED: Ideas worth spreading*, july, 2012. Disponível em: <http://www.ted.com/talks/tom_wujec_on_3_ways_the_brain_creates_meaning.>.

WUJEC, T. *Imagine design create.* New York: Melcher Media, 2011.

# ANOTAÇÕES

# ANOTAÇÕES